관계가
답답할 땐
명리학

관계가
답답할 때

명리학

화탁지 지음

답_반

| 프롤로그 |

 사람은 누구나 어떤 인연에 한 시절을 묻고 떠난다. 누군가는 그 인연을 사랑이라 부르고, 누군가는 그 인연을 고통이라 부른다. 하지만 시간이 지나고 나면, 그 감정이 얼마나 컸는지는 중요하지 않게 된다.

 정말 중요한 건, 그 인연이 내 안에 어떤 흔적을 남겼고, 그 흔적이 나를 어디까지 데려갔는가이다.

 나는 그런 인연들을 수없이 보아 왔다. 사랑이라고 하기엔 너무 파괴적이고, 관계라고 부르기엔 설명할 수 없는… 그저, 어떤 삶의 시기를 지나게 한 결정적인 인연들. 어떤 인연은 잠깐 스쳐 갔지만 오래 남았고, 어떤 인연은 오래 함께했지만 결국 아무것도 남기지 않았다.

그 차이를 만든 건, 시간도 감정의 농도도 아닌 그 인연이 내 안에서 만들어 낸 '각성'이었다.

감정은 흐른다. 사라지기도 한다.
하지만 그 감정이 남긴 의미는, 한 사람의 영혼을 바꾸기에 충분하다.

이 책은 그런 의미에 관한 기록이다. 명리학이라는 구조 속에서, 인연이라는 흐름을 통해, 한 존재가 어떻게 자신과 마주하고, 자신을 해석하며, 스스로를 더 나은 영혼으로 이끌어 가는지에 대한 이야기다.

이 글을 읽는 당신 역시 어떤 인연 앞에서 무너졌고, 다시 일어났고, 때로는 그 사람을 이해하지 못한 채 자신을 먼저 들여다본 적 있을 것이다. 그렇다면 우리는 이미 같은 질문을 품고 있는 사람들이다.

| 차례 |

프롤로그 ◈ 004

1부
인연은 어느 날 도착한다 —
감정으로 시작되는 모든 것

왜 어떤 사람에게만 유난히 흔들릴까 ◈ 011

우연한 만남이 예정된 이유 ◈ 016

사주 속에 적힌 사람들 ◈ 021

운과 시기의 합작: 타이밍의 명리학 ◈ 027

인연을 예감하는 징후들(꿈, 시선, 공명 등) ◈ 032

2부
인연의 흐름을 따라 —
관계는 감정의 서사다

외면했지만 놓지 못한 관계 ◈ 041

만남보다 지나감이 말해 주는 것들 ◈ 046
감정은 사라지지만 흔적은 남는다 ◈ 050
사랑은 명리로 설명되지 않는다. 그러나 통과할 수 있다 ◈ 055
인연은 외부 사건이 아니라 내부의 각성이다 ◈ 059

3부

십성으로 본 인연의 얼굴 —
삶에 들어온 열 가지 존재들

사주는 관계의 언어다 ◈ 065
사주에 대한 기본 이해 ◈ 069
비견: 나와 닮아 대등하게 서며,
    함께 버티고 나아가는 인연 ◈ 080
겁재: 닮았지만 내 영역을 건드려
    긴장과 변화를 주는 인연 ◈ 091
식신: 말보다 행동으로 마음을 표현하며,
    편안함과 따뜻함을 주는 인연 ◈ 102
상관: 규칙을 깨고 자극을 주어,
    새로운 시각을 열어 주는 인연 ◈ 113
정재: 생활과 마음을 안정시켜,
    신뢰를 쌓아 가는 인연 ◈ 124
편재: 세상 밖으로 이끌어 주며,

활기와 확장을 주는 인연 ◆ 134
정관: 든든하게 지켜 주지만,
　　　때로는 간섭처럼 느껴질 수 있는 인연 ◆ 144
편관: 안전지대 밖으로 밀어내어,
　　　성장과 단련을 이끄는 인연 ◆ 154
정인: 지지와 보호로 회복을 돕는,
　　　따뜻한 버팀목 같은 인연 ◆ 164
편인: 익숙한 틀을 깨고, 낯선 길로 안내하는 인연 ◆ 174

4부

인연은 나를 만든다 —
반복되는 욕망과 구조의 서사

가족, 연인, 동료… 관계의 층위 ◆ 187
반복되는 인연, 반복되는 욕망 -
　　라캉과 들뢰즈로 본 관계 구조 ◆ 203
사주로 본 '놓는 시기'와 '머무는 이유' ◆ 209
관계를 붙잡는 힘: 감정이 아닌 구조 ◆ 215
존재하게 하는 사랑: 프롬이 말한 인연의 완성 ◆ 219

에필로그 ◆ 224

1부

인연은
어느 날 도착한다
― 감정으로 시작되는 모든 것

왜 어떤 사람에게만
유난히 흔들릴까

　유난히 마음이 끌리는 사람이 있다. 별다른 이유도 없이, 그저 눈을 마주친 것만으로도 속마음이 들킨 것처럼 느껴지는 사람. 그런 사람이 있다. 같이 있는 시간은 길지 않았지만 이상하게 오래 기억에 남는 사람. 다른 사람들과는 수없이 많은 말을 주고받았어도 그 사람과 나눈 몇 마디는 하루 종일 머릿속을 맴도는 경우.

　왜 그럴까? 누군가는 열 번을 만나도 아무 일도 일어나지 않는데, 어떤 사람은 한 번 스쳐도 마음이 요동친다. 예상하지 못했던 감정이 튀어나오고, 가라앉았던 감각이 살아난다. 그건 단지 외모나 성격 때문이 아니다. 비슷한 스타일의 사람은 또 있을 수 있다. 그럼에도 불구하고 그 사람만이 일으키는 파동이 존재한다.

감정은 상황보다 앞선다. 논리보다 빠르다. 어떤 사람 앞에만 서면 무장 해제되고, 말을 고르지 못하고, 이상하게 웃게 된다. 처음에는 단순한 호감이라 생각한다. 하지만 시간이 지나도 그 감정은 쉽게 사라지지 않는다. 오히려 더 또렷해진다. '왜 그 사람일까'라는 질문을 계속하게 만든다.

그러다 문득 깨닫게 된다. 이건 취향의 문제가 아니다. 이건 습관도 아니고, 선택도 아니다. 그저 그 사람에게만 반응한 마음이었다. 그 마음은 늘 그렇게 다가왔다. 예고 없이, 이유 없이. 하지만 다가온 순간부터는 절대 무시할 수 없는 방식으로 흔들어 놓는다. 그 사람은 어느 날 갑자기 도착한 것처럼 보이지만, 사실은 오래전부터 어딘가에 기록되어 있었던 인연이다.

감정은 그 기억을 호출하는 신호일 뿐이다. 사람의 인연은 스쳐 가는 것 같지만 아무에게나 흔들리는 법은 없다. 감정의 떨림에는 구조적인 이유가 있다. 그 이유는 사주라는 구조 속에 암호처럼 숨어 있다. 하지만 지금은 구조를 논할 때가 아니다.

이 책은 감정에서 출발한다. 다시, 처음으로 돌아가 본다.

왜 그 사람이었을까. 왜 그때였을까. 왜 다른 이가 아닌, 그 사람이었을까. 인연은 말로 설명되기 전에 감정으로 먼저 도착한다. 그것이 이 책의 첫 문장이고, 모든 이야기의 시작이다.

명리학의 관점

명리학은 인간을 구성하는 기본 기질을 다섯 가지 오행(木火土金水)과 십성(十星: 비견, 겁재, 식신, 상관, 정재, 편재, 정관, 편관, 정인, 편인)으로 설명한다. 이 구조는 단지 성격만을 보여 주는 게 아니라, 어떤 에너지에 민감하게 반응하고 어떤 유형의 사람에게 감정적으로 흔들리는지를 드러내는 감정의 설계도이기도 하다.

사람은 누구나 자신에게 없는 기운을 '매력'으로 느끼고, 자기 구조를 흔드는 에너지에 감정적으로 반응하게 되어 있다. 예를 들어 식신·상관이 강한 사람은 자신을 통제하고 이끄는 관성(정관/편관)에 끌리고, 재성이 강한 사람은 자신을 보호해 주는 인성(정인/편인)을 필요로 하며, 비견과 겁재가 많은 사람은 자신과 정반대의 안정된 기운에 감정이 반응한다. 이렇듯 '감정이 움직인다는 것 자체가 구조가 흔들렸다는 증거'다.

또한 사주에서는 지지의 삼합, 방합, 충, 형, 원진 같은 관계를 통해 두 사람 사이에 기운이 흐르거나 충돌하는 구조를 설명한다. 어떤 사람은 내 지지(地支)와 삼합을 이루며 나의 '운'을 열어 주는 열쇠가 되기도 하고, 어떤 사람은 원진귀문처럼 설명되지 않는 감정적 요동을 만들어 내기도 한다. 이 감정의 떨림은 현실적 인연으로 이어지지 않아도, 그 자체로 이미 내 안에서 일어난 진동이다.

그리고 이 진동은, 흔히 말하는 '궁합'보다 더 미묘하고 정밀한 감정의 궁합이다. 그러니까 어떤 사람 앞에서만 이상하게 긴장되거나, 괜히 신경이 쓰이거나, 말이 어눌해질 때 그건 사주 구조가 말해 주는 감정의 설계가 외부 자극에 '반응'한 것이다. 감정은 우연이 아니라, 이미 짜여 있는 구조와 구조의 '만남' 위에서 일어난 반응이다.

융(Carl Gustav Jung)의 관점

 융은 우리가 특정한 사람에게 강하게 끌릴 때, 그것은 단순한 외모나 취향의 문제가 아니라고 말한다. 그건 우리 안에 내재한 무의식의 힘, '아니마(Anima)'와 '아니무스(Animus)'의 투사 작용 때문이다.

 모든 인간은 자신의 내면에 반대 성의 무의식적 이미지, 즉 이성(異性)의 원형을 지니고 있다. 남성 안의 여성성(아니마), 여성 안의 남성성(아니무스)은 살아가며 다양한 방식으로 작동한다. 그리고 어느 날, 그 무의식의 이미지를 완벽하게 자극하는 타인을 만나게 될 때 우리는 이유 없이 끌리고, 낯선 친밀감에 요동치며, 오래된 감정처럼 그 사람을 받아들인다. 이 끌림은 그 사람이 나의 무의식을 건드렸다는 증거다.

 그는 타인이기 이전에, 내 안의 깊은 심상(深像)을 불러일으킨 존재다. 그래서 멀리 있어도 잊히지 않고, 오래 곁에 있어도 미묘하게 낯설다. 그 사람은 새로운 사람이 아니라, 내가 평생 찾아 헤매던 내 안의 그림자이자 거울이다.

우연한 만남이
예정된 이유

　길을 걷다 마주친 사람, 카페 한구석에서 눈이 마주친 순간, 강의실이나 회의실의 같은 테이블 끝에 앉게 된 누군가. 그날의 그 만남은, 돌이켜 보면 아무 이유 없는 우연 같았다.

　하지만 이상하게도, 그 만남은 그저 스쳐 지나가지 않았다. 오히려 모든 것이 조용히, 정확하게 맞아떨어졌다는 느낌이 들었다. 말을 걸 타이밍, 서로를 바라보는 눈빛, 대화가 끊기지 않고 흘러가던 공기까지. 그 순간은 마치 무언가 미리 짜여진 시나리오처럼 자연스러웠다.

　그러나 처음엔 누구도 그렇게 생각하지 않는다. 그저 기분 좋은 인연, 마침 괜찮은 타이밍, 상대가 나와 잘 맞는 사람일 뿐이라고 여긴다. 하지만 시간이 지날수록 그 만남은 마음속에서 자꾸만 자리를 넓힌다. 다른 사람들과의 대화보다 오래 남고, 그날의 감정은 뜻밖의 여운을 남긴다. 누군가에게 있어선 그저 '만난 사람'일 뿐이겠지만, 누군가에겐 어떤 흐름을 바꿔 놓는 존재가 된다.

그렇다면 왜, 그 사람이 그 시점에, 그 자리에서, 나와 만났을까? 그 질문은 단순히 감성의 문제가 아니다. 삶에는 흐름이 있고, 만남에는 구조가 있다. 그리고 그 구조는 미리 적혀 있었을 수도 있다.

명리학에서는 사람마다 삶의 흐름에 따라 '인연이 들어오는 시기'가 있다고 말한다. 어떤 인연은 갑자기 시작된 것처럼 보이지만 실제로는 운의 흐름이 맞춰졌기에 가능해진 만남이다. 이 만남은 예감될 수 없었고, 예측도 할 수 없었다.

그러나 지나고 나면 알게 된다. 그 만남은 우연이 아니라, 구조 위에 놓인 타이밍이었다는 것을. 한 사람의 사주 안에는 어떤 사람과 연결되기 쉬운 구조가 있고, 그 연결이 '들어오는 시기' 또한 암호처럼 기록되어 있다. 그 시기가 되면, 자연스럽게 그 구조에 맞는 인연이 도착한다.

타이밍은 단순한 '운'이 아니라, 삶이 움직이는 방식을 보여 주는 리듬이다. 그리고 인연은 그 리듬 안에서 가장 필요한 감정을 흔들기 위해 도착한다.

사랑이든, 갈등이든, 이별이든, 성장이든 그 사람은 그 역할을 하기 위해, 그 시점에 도착했다. 그 사실을 알게 되는 순간, 지나간 모든 만남이 다시 의미를 가지기 시작한다. 그리고 지금 곁에 있는 사람도, 언젠가 만날 사람도 더 이상 우연처럼 느껴지지 않는다.

인연은 한 사람의 선택으로 만들어지는 것이 아니다. 인연은 흐름을 타고 도착하는 것이다.

명리학의 관점

명리학에서는 인연이 단순히 '우연히 스쳐 지나가는 만남'이 아니라, 운의 흐름과 사주의 구조가 맞물려 도착하는 사건이라고 본다. 사람은 각자의 사주 안에 특정한 인연을 끌어당기는 구조를 가지고 태어난다. 예를 들어, 정인이 강한 사람은 보살피고 이해해 주는 사람에게 끌리고, 비견이 강한 사람은 자신을 비춰 보는 거울 같은 존재에게 흔들린다. 그리고 그런 구조는 정확한 타이밍에 감정이라는 형태로 발동한다.

이 타이밍은 '대운'과 '세운'이라 불리는 운의 흐름 속에 놓여 있으며, 때론 사람의 생일이나 이름보다도 더 정확하게, '누구를 언제 만나야 할지'를 보여 준다. 예를 들어, 겁재운에는 나를 흔드는 인연이, 정관운에는 진지한 관계가, 상관운에는 갈등과 감정의 파도가 일어난다. 하지만 그 모든 흐름의 핵심은 내 구조에 맞는 인연이, 내 흐름에 맞는 시점에 도착한다는 것. 그러니 그날 우연히 눈이 마주친 그 사람이, 그 시간, 그 장소에 있었던 건 단지 '기분 좋은 동선' 때문이 아니다.

그건 내가 감정적으로 '무르익은 시기'였고, 그 시점에 그 사람이 '내 구조를 건드릴 수 있는 존재'였기 때문에 가능한 일이었다. 즉, 그 만남은 사주가 준비했고, 운이 데려온 인연이었다. 그 사실을 이해하면, 지나간 모든 만남이 '그럴 수밖에 없었던 흐름'으로 다시 보이기 시작한다. 그리고 그 사람과의 재회든, 이별이든, 미련이든, 모든 감정이 이해가 아닌 수용의 차원으로 깊어진다.

융의 관점

 융은 '동시성(synchronicity)'이라는 개념을 통해, 의미 있는 우연의 존재를 설명했다. 그에 따르면, 세상에는 인과적으로 설명할 수는 없지만, 분명히 어떤 의미나 상징으로 연결된 사건들이 존재한다. 마치 내면의 변화와 외부의 사건이 시간적으로 일치하며 나타나는 것처럼.

 어떤 사람을 특정한 시점에 만나게 되는 일도, 단순한 우연이 아니라 무의식의 흐름과 우주의 상징 구조가 맞물린 결과일 수 있다. 융은 이런 순간을 '마치 삶이 미리 계획된 것처럼 느껴지는 경험'이라고 표현하며, 이를 개인의 내면 변화의 신호로 보았다. 특히 아니마 또는 아니무스의 투사 경험이 발생할 때, 사람들은 어떤 인물에게 깊이 끌리고, 그 만남을 '예정된 운명'처럼 느낀다.

 이는 단순한 호감이나 우연이 아니라, 자기(Self)가 무의식 속에서 보내는 메시지이기도 하다. 즉, 그런 만남은 우리의 의식이 아직 인식하지 못한 성장, 통합, 치유의 방향을 암시하는 이정표일 수 있다. 융에게 있어 '만남'은 인간의 의식 진화에서 반드시 필요한, 의미의 징후로 작용한다.

사주 속에 적힌
사람들

　누군가를 만나고 난 후, 문득 이런 생각이 들 때가 있다. "이 사람은, 내 인생에 이미 정해져 있었던 게 아닐까?" 그 만남이 남긴 여운이 너무 선명해서, 감정이 예상보다 깊고 빠르게 움직여서, 마치 오래전부터 정해져 있던 문장을 이제야 읽는 느낌이 든다. 그럴 때 사람들은 운명을 떠올린다. 혹은 전생을 이야기하거나, 시기를 탓하거나, 자기 마음이 약해진 탓이라며 넘기기도 한다. 하지만 어쩌면 그 감정은 실제로 내 안 어딘가에 이미 존재하고 있었던 사람을 만난 것일지도 모른다.
　명리학에서는 사람의 삶을 하늘의 기운과 땅의 기운이 교차한 하나의 구조로 본다. 그리고 그 구조 속에는 자신이 어떤 성향을 갖고 있는지는 물론, 어떤 종류의 사람에게 반응하는지, 어떤 시기에 인연이 들어오는지, 심지어는 그 인연이 어떤 방식으로 나를 변화시킬지도 암호처럼 기록되어 있다.

이것은 '예언'이 아니다. '기준'이다. 사주는 "이 사람을 만나게 될 것이다"라고 말하지 않는다. 대신 "이런 사람에게 감정이 반응하기 쉬운 구조를 가지고 있다"고 말한다. 그리고 그 구조는 생각보다 정확하게 작동한다. 누군가에게 유독 끌리는 이유, 오랜 시간 곁에 있었지만 끝내 가까워지지 않는 관계, 스쳐 갔지만 잊히지 않는 사람. 그 모든 감정에는 구조가 있다.

사람은 마음으로 움직인다. 하지만 그 마음이 반응하는 방식은 사람마다 다르다. 어떤 사람은 정적인 눈빛에 끌리고, 어떤 사람은 불같은 말투에 마음이 흔들리고, 또 어떤 사람은 딱히 이유 없이, 그냥 그 사람에게만 반응한다. 그건 선택이 아니라, 자신의 구조가 누군가의 구조와 맞물려서 일어나는 일이다. 그 맞물림은 때로는 사랑이 되고, 때로는 다툼이 되고, 때로는 평생 잊히지 않는 감정이 된다.

사주에는 '누가 중요한 사람인지'보다 '어떤 관계가 나를 흔들 수 있는지'가 적혀 있다. 그래서 어떤 사람은 내가 오래

전부터 알고 있었던 감정처럼 다가온다. 말하지 않아도 이해받고 싶고, 가까이 있지 않아도 계속 연결되어 있는 것 같은 느낌.

그건 단순한 착각이 아니다. 그 사람은 이미 오래전부터 내 삶의 어떤 틈에 들어올 준비가 되어 있었던 존재다. 사람은 사람을 만날 수 있지만, 모두가 인연이 되는 것은 아니다. 인연은 구조 안에서 반응한다. 그리고 그 구조는 내가 태어날 때, 이미 나와 함께 시작되었다.

명리학의 관점

사주 속에는 단지 성격만이 아니라, 그 사람이 어떤 방식의 관계에 흔들리는지, 그리고 어떤 시기에 그러한 관계가 들어오는지에 대한 정보가 상징적으로 담겨 있다. 예를 들어 사주에 재성(財星)이 강하게 작용하는 사람은 자신의 구조 안에서 누군가를 '소유하고 싶다'는 감정으로 해석할 수 있다. 반대로 인성(印星)이 중심축인 사람은 '이해받고 싶다'는 욕구가 관계에서 더 크게 반응한다.

이런 구조에 따라 누군가의 눈빛, 말투, 기운이 내 사주의 특정 별자리를 건드릴 때, 우리는 말도 안 되는 타이밍에 마음이 요동치기도 한다. 이것이 명리학이 말하는 '반응 구조'다.

또한 사주는 그 사람이 어떤 '궁합적 교차점'을 가질 때 더 깊은 인연이 형성되는지도 말해 준다. 예를 들어 삼합(三合), 방합(方合) 같은 지지의 교차나, 천간의 합(合)과 충(衝)의 구조는 서로가 어떤 방식으로 끌리고 충돌하는지를 드러낸다.

누군가와의 만남이 잊히지 않는다면 그 사람은 내 사주에서 '감정의 진동을 일으킬 구조'를 건드린 사람일 가능성이 높다.

그리고 마지막으로, 그 인연이 왜 지금 나타났는가에 대해서는 바로 운의 흐름이 대답해 준다. '운에서 정관이 들어왔다'면 그 시기에는 관계의 책임이 강조되고, '운에서 편재가 들어왔다'면 예측 불가능한 만남이나 열정적인 감정이 출현하기도 한다. 즉, 우리는 어떤 사람을 만나기 쉬운 시기를 지니고 있으며, 그 시기에 구조와 맞물린 사람이 등장하면, 그 만남은 인연이 된다.

융의 관점

융은 인간의 무의식을 단지 개인적인 심리적 요소에 한정하지 않고, 집단무의식(collective unconscious)이라는 더 큰 차원으로 확장했다. 그는 우리가 겪는 강렬한 만남이나 감정의 요동은 단지 개인의 선택이나 우연이 아니라, 무의식 속 원형(archetype)이 작동하는 현상이라고 보았다.

특히 '낯선데 익숙한 사람'을 만났을 때 느끼는 정서 ― 마치 예전부터 알고 있던 것 같은 감정 ― 는 융이 말한 '자기(Self)'로의 통합 과정에서 발생하는 현상이다. 어떤 사람은 내 안의 '아니마' 또는 '아니무스'를 자극하여, 내가 잊고 있던 감정이나 그림자(shadow)의 부분을 꺼내게 만든다. 이때 그 만남은 단순한 관계를 넘어 자기실현(individuation)을 자극하는 촉매가 된다.

명리학에서 말하는 '사주 속의 인연 구조'는 이와 유사한 관점을 갖는다. 한 개인의 사주는 단지 미래를 예측하기 위한 도구가 아니라, 어떤 감정에 반응하고 어떤 관계를 통해 성장하는지에 대한 구조적 지도를 제공한다.

융의 말처럼, 사람은 '마주한 인연을 통해 자기를 알아 간다.' 그리고 명리학은 '그 자기를 흔들 수 있는 사람이 어떤 성향을 지닌 존재인지'를 미리 알려 주는 언어다. 그러므로 '사주 속에 적힌 사람'은 곧 '내 무의식이 부르고 있던 어떤 상징의 현현'이며, 그 만남은 나를 나답게 만들기 위한 깊은 설계의 일부일지도 모른다.

운과 시기의 합작:
타이밍의 명리학

 같은 사람이었어도, 조금 더 일찍 만났다면 아무 일도 없었을지 모른다. 혹은 조금 늦게 만났다면, 상처가 아닌 인연으로 이어졌을지도 모른다. 인연은 사람의 문제가 아니라, 시기의 문제이기도 하다. 사람의 마음은 늘 준비되어 있지 않다. 지금은 온기를 나눌 수 있는 사람도, 어떤 시기에는 그 온기를 거절하게 된다. 그래서 어떤 만남은 '타이밍이 전부였다'고 느껴진다.

 명리학에서는 이 타이밍을 '운'이라고 부른다. 사주는 정적인 구조다. 사람이 태어날 때 주어지는 기질과 성향의 지형도. 그 사주 위를 시간이 흘러가며 지나치는 것이 바로 대운(大運)과 세운(歲運)이다.

운은 정해진 성격을 바꾸지는 못하지만, 감정의 반응 속도, 인연의 접근 가능성, 사람을 받아들일 여백을 달라지게 만든다. 어떤 운에서는 평소엔 눈에 들어오지 않던 사람이 유독 마음에 들어오기도 하고, 사람이 아니라 '사람과 연결된 감정'이 유난히 예민하게 작동하기도 한다.

이건 단지 '좋은 시기냐, 나쁜 시기냐'의 문제가 아니다. 나에게 영향을 주는 에너지와 내가 반응하는 방식이 바뀌는 시기. 그게 곧 인연이 들어오고 나가는 타이밍이다. 누군가는 그 시기에 평생을 뒤흔드는 사람을 만나고, 누군가는 묻어 두었던 감정이 갑자기 떠올라 오래전 인연에게 연락을 건다.

감정은 마음의 일 같지만, 그 마음은 시간의 구조 위에 움직인다. 그래서 사랑이든, 재회든, 이별이든 그 사람이 왔다는 것, 그 감정이 생겼다는 것, 그 순간에 그런 말을 했다는 것조차 모두 운과 시기가 만들어 낸 설계의 일부일 수 있다.

우연처럼 느껴졌던 많은 만남이 실은 그때가 아니면 도착할 수 없었던 감정이었다. 사람이 인연을 만드는 것이 아니라, 시간이 인연을 도착시킨다. 그것이 명리학이 말하는 타이밍이다.

명리학의 관점

명리학에서 '타이밍'은 단순히 좋은 일이 생기는 시기를 뜻하지 않는다. 그보다는, 마음이 어떤 방향으로 열리고, 감정이 어떤 방식으로 반응하게 되는가를 보여 주는 흐름이다.

사주는 사람이 태어날 때 주어진 고정된 기질의 지도이고, 그 위를 대운(大運)과 세운(歲運)이라는 시간의 강이 지나간다. 이 운의 흐름은 감정을 수용할 수 있는 그릇의 모양을 바꾸기도 하고, 사람을 받아들일 수 있는 내부의 공간을 조정하기도 한다.

어떤 시기에는 동일한 사람이 무심하게 느껴지고, 또 어떤 시기에는 작은 말 한마디에도 마음이 크게 흔들린다. 그 이유는, 그 시점의 운이 내 사주에서 특정 별자리, 즉 십성(十星)을 자극하고 있기 때문이다. 예를 들어, 그 시기에 정관이 들어오면 책임 있는 관계, 즉 '관계의 틀'을 맺는 인연이 유독 눈에 들어온다. 편재가 들어오면 예측 불가능한 만남과 강렬한 감정의 파동이 시작될 수 있다. 그리고 편인이나 정인이 들어오는 시기에는 사람 그 자체보다는 그 사람을 통해 떠오르는 기억이나 감정, 혹은 치유의 코드에 반응하게 된다.

결국 어떤 사람이 인연이 되느냐는, 그 사람이 나와 얼마나 잘 맞느냐 이전에 '그 시기에 내 감정이 반응할 수 있는 구조였는가'에 달려 있다. 즉, 인연은 사람의 문제가 아니라 시간의 구조, 그리고 그 시간에 깨어나는 감정의 회로에서 비롯된다. 그래서 명리학에서는 말한다. 인연은 사람을 통해 오지만, 운을 타고 도착한다. 그리고 그 운은, 예고 없이 내 감정의 문을 두드린다.

융의 관점

융은 시간의 흐름을 단순한 물리적 변화로 보지 않았다. 그는 개인의 삶에서 특정한 시기마다 등장하는 상징, 사건, 인물들이 모두 '의미 있는 우연(Synchronicity)'의 원리에 따라 작동한다고 보았다.

'시기'는 무의식이 준비되는 시간이다. 융은 어느 시점에 어떤 감정이 깨어나고, 어떤 관계가 도착하는 이유는 의식과 무의식의 조율이 이루어진 순간이라고 말했다. 그것이 '카이로스(Kairos)' – 즉, 단순한 '시간(Chronos)'이 아닌 질적인 시간의 개념이다.

명리학에서 말하는 '운'은 융의 관점으로 보자면, 개인이 무의식 속에 품고 있던 변화의 가능성, 또는 새로운 통합의 여지가 외부 사건이나 인연을 통해 깨어나는 시기다. 이때 만나는 인연, 마주치는 감정은 단순한 우연이 아니라, 자기(Self)가 준비해 놓은 '변형의 문'이다. 그 문은 언제나 열려 있지 않다.

융은 "인간의 변화는 준비된 무의식의 틈에서만 일어난다"고 했고, 명리학도 같은 말을 한다. "운이 들어와야 사람이 변한다." 즉, 인연의 깊이도, 감정의 방향도, 관계의 도착 시점도 모두 '시간'이라는 영혼의 리듬에 맞춰 도착하는 정교한 맞물림이다. 그렇게 보면 어떤 만남은 단순히 누군가를 만났다는 사실보다 "왜 그 시기에, 왜 그 타이밍에 그 사람이 도착했는가"라는 질문이 더 중요한 셈이다. 그 시기는 곧, 나의 무의식이 그 인연을 받아들일 준비가 되었음을 의미하기 때문이다.

인연을 예감하는 징후들

(꿈, 시선, 공명 등)

말로는 설명되지 않는 순간이 있다. 설명하려 하면 사라지는 감정, 정리하려 하면 복잡하게 얽혀 오는 느낌들. 그런 순간에 사람은 문득 이렇게 말하게 된다. "느낌이 이상했어." 처음부터 달랐다. 그 사람을 처음 봤을 때, 다른 누구와도 다르게 마음이 움직였다. 눈을 마주치면 시선을 피하지 못했고, 멀리서 걸어오는 모습만 봐도 이상하게 가슴이 뛰었다. 별말을 주고받지도 않았는데 그 사람의 말투, 손짓, 존재 전체가 머릿속에 각인되었다.

그건 단순한 호감도, 취향의 문제도 아니었다. 그저 어떤 파동이 내 안에 울린 것처럼 느껴졌을 뿐이다. 때로 그 감정은 꿈으로 먼저 찾아온다. 말도 안 되는 장면이지만, 이상하리만치 선명하고 구체적이며 그 사람과 함께 있는 장면이 깊은 인상처럼 마음에 남는다. 깨어나면 설명할 수 없다.

하지만 그 꿈은 단지 '무의식의 장난'이라기엔 너무 생생하고, 너무 많은 감정을 불러일으킨다. 명리학이 말하는 인연은 단지 구조와 타이밍만으로 설명되지 않는다. 사람과 사람 사이에는 말로 풀어낼 수 없는 '기운의 교감'이 있다. 아직 만나기 전인데도 그 사람을 이미 알고 있는 것처럼 느껴질 때, 한 사람의 존재가 설명되지 않는 방식으로 자꾸 떠오를 때 그건 감정이 아닌, 기운의 공명(共鳴)이다.

공명이란, 두 개의 진동수가 겹쳐 울리는 현상이다. 명리로 말하면 사람이 자신의 구조에 맞는 기운과 맞닥뜨렸을 때, 그 구조가 외부 자극에 반응하며 정서적 진동을 일으키는 것이다.

이때 사람은 흔히 이런 식으로 말한다. "그 사람 앞에만 서면, 괜히 마음이 복잡해져." "그 사람이 눈을 피할 때, 나도 모르게 조용해진다." "말하지 않았는데, 이미 다 들킨 느낌이었다."

그건 우연이 아니다. 말보다 먼저 시작된 인연의 신호다. 사람은 보통, 만남이 시작되고 나서야 그것을 인연이라고 생각한다. 하지만 어떤 인연은 만남이 시작되기도 전에 도착해 있다. 그건 감정이 아니라 진동이고, 기억이 아니라 예감이다. 그리고 그 예감은 언제나 정확했다.

명리학의 관점

명리학은 단지 성격을 설명하거나, 운의 흐름만을 예측하는 학문이 아니다. 더 깊이 들어가면, 사람과 사람 사이의 '기운'이 어떻게 맞물리는가, 즉 말보다 먼저 작동하는 감응(感應)의 흐름을 읽는 학문이기도 하다.

사주란 일종의 주파수다. 사람은 각자 고유한 파동을 가지고 태어나며, 그 파동은 삶의 환경, 감정, 운의 흐름에 따라 조금씩 조율되어 간다. 그런데 어떤 순간, 외부에서 들어온 하나의 기운이 내 파동과 딱 맞아떨어질 때, 그것은 단순한 호감이 아니라 '공명'으로 작동한다. 그때 생겨나는 감정은 빠르고, 강하고, 종종 설명이 불가능하다. 특히 꿈에서 먼저 나타나는 만남은, 의식이 깨어 있는 동안은 닿을 수 없는 차원의 신호를 무의식이 먼저 수신했을 가능성을 시사한다.

명리적으로 말하면, 이는 내 사주 속 '영(靈)의 자리', 즉 시지(時支)와 공망, 공허의 영역이 자극받을 때 나타나는 현상이다. 그 시점에 누군가의 기운이 나의 구조와 겹칠 준비가 되어 있다면, 그 만남은 실제 시작되기 전부터 이미 마음 안에서 파동을 일으킨다.

또한 사주에는 감정의 감수성이 예민해지는 시기, 즉 정인, 편인, 혹은 식신, 상관이 강하게 작용할 때 말로 표현되지 않는 기운의 교감을 더욱 잘 감지하게 된다. 특히 정인과 편인은 꿈, 예감, 느낌과 같은 비물질적인 연결을 통해 사람을 끌어당기는 코드로 작용한다.

그래서 이런 감정은 보통의 만남과 다르다. 아직 아무 일도 없었지만, 이미 어딘가에서 시작되어 버린 관계처럼 느껴진다. 명리학에서는 그것을 '기운의 선행(先行)'이라 본다. 만남이 시작되기 전, 감정이 인식되기 전, 기운의 흐름이 먼저 서로를 알아보고 있었던 것이다.

그러니 어떤 감정은 말로 설명되지 않아도, 이미 구조 위에 도달한 파동의 결과다. 그리고 그 진동은, 시간이 흘러야만 설명할 수 있는 종류의 만남을 준비하고 있는 것이다.

융의 관점

융에게 있어서 인간의 만남은 단지 눈에 보이는 사건이 아니라, 무의식의 깊은 층위에서 이미 준비되고 있었던 것의 발현이다. 그는 꿈, 시선, 직감, 공명(共鳴) 같은 '말 이전의 신호들'을 단순한 감각이 아니라, 자기(Self)의 메시지로 이해했다.

1. 꿈은 무의식의 언어다.

융은 꿈을 '무의식이 현재 상태를 평가하고 미래를 예고하는 방식'이라 했다. 인연이 꿈에서 먼저 도착하는 이유는, 무의식이 의식보다 먼저 어떤 관계의 중요성을 감지하고 있기 때문이다.

이 꿈들은 보통 상징적이고 비논리적이지만, 경험하는 사람에게는 강한 정서적 인상을 남긴다. 그것은 단순한 공상이 아니라 개인의 영혼이 움직이기 시작했다는 신호다.

2. 공명은 자기와 자기의 조각이 서로를 알아보는 순간이다.

융은 '아니마/아니무스' 개념을 통해, 사람의 무의식에는 언제나 '나의 내면적 반대성'을 투사할 준비가 되어 있는 대상이 존재한다고 했다. 그래서 처음 만난 사람이 특별하게 느껴지고, 설명할 수 없는 감정이 동요될 때, 그건 외부 인물이 아니라 내 안의 무의식이 특정 인물에 공명하고 있기 때문이다.

이 공명은 '이 사람이다'라는 직감으로도, 또는 '도망치고 싶은데 끌리는 감정'으로도 나타난다. 융은 그것을 '운명의 만남을 향한 자기(Self)의 끌림'이라고 말한다.

3. 시선과 직감은 자아와 무의식의 경계가 얇아지는 틈이다.

한 사람의 존재가 강하게 각인될 때, 그건 생김새나 분위기의 문제가 아니라 내가 외면하고 있던 어떤 부분이 그 사람을 통해 '깨어난다'는 징후다. 융은 이것을 '인식 이전의 예감(precognition)'이라 보았고, 그 예감은 우리 삶에 커다란 전환이 다가오고 있다는 자기(Self)의 예고로 간주했다.

2부

인연의
흐름을 따라
— 관계는 감정의 서사다

외면했지만
놓지 못한 관계

끝났다고 생각했다. 더는 생각하지 않을 거라 말했고, 이제는 아무렇지도 않다고 믿었다. 그런데도 어떤 날엔 그 사람의 이름이 문득 떠오르고, 그 목소리와 손짓이 다시 가슴 안에서 재생된다. 지운 줄 알았던 메시지를 한참을 들여다보기도 하고, 같은 이름을 가진 사람을 스쳐 들었을 뿐인데 가슴이 잠깐 멈춘다.

이별은 했다. 감정도, 관계도, 역할도 끝났다고 말할 수 있다. 하지만 이상하게도 그 사람과 맺었던 '무언가'는 아직 어딘가에 머물러 있다. 어떤 인연은 끝내 놓지 못한 감정으로 남는다. 시간이 흘러도, 다른 사람이 곁에 있어도 그 인연의 흔적은 완전히 사라지지 않는다.

이럴 때 사람들은 스스로에게 말한다. "아직 미련이 남아서 그런 걸 거야." "끝을 잘 맺지 못해서 그래." "지금 내 삶이 허전해서 그런 거겠지." 하지만 그 감정은 단순한 미련이나 허전함만으로 설명되지 않는다. 그건 감정이 남아 있는 게 아니라, 그 관계가 아직 끝나지 않은 것이다.

감정이 사라졌더라도, 그 인연이 나에게 남긴 구조는 아직 내 삶 어딘가에서 작동하고 있기 때문에 그 사람을 떠올릴 때 마음이 다시 반응한다. 이런 인연은 자주 외면하게 된다. 스스로 부끄럽고, 이미 지나간 감정에 다시 흔들리는 것이 어리석게 느껴져서 의도적으로 덮어 두게 된다.

하지만 감정은 감춰진다고 사라지지 않는다. 그 사람과의 관계가 내 안에 남긴 구조는 삶의 어떤 순간에 다시 깨어나고, 다시 묻고, 다시 흔든다. 놓았다고 생각했지만, 사실은 단지 내가 그 감정을 보지 않기로 한 것뿐일지도 모른다.

인연이란 잡는 것보다, 놓는 것이 더 어렵다. 놓는다는 건 단지 그 사람을 떠나보낸다는 뜻이 아니라, 그 사람이 내 안에 남긴 어떤 감정과도 이별해야 한다는 뜻이다. 그러니 어떤 인연은 몸은 떠났지만, 감정은 여전히 내 안에 살아 있다. 그 사람을 잊은 줄 알았는데, 아직도 내 문장 곳곳에 그 사람이 남아 있다. 그 감정이 무너지지 않고 잘 버텨 온 나를, 어딘가에서 여전히 지탱하고 있었다는 걸 나중에야 알게 된다.

명리학의 관점

사람은 인연을 감정으로 기억하는 것이 아니라, 구조로 반응한다. 사주에서는 그 구조를 십성과 지지의 관계를 통해 확인할 수 있다. 예를 들어, 정인+비견 또는 편재+식신 조합은 과거의 인연이 무의식에 남아 있는 구조를 암시한다.

또한 지지에 형(刑)이나 원진(怨嗔)이 남아 있으면 관계가 끝났음에도 자꾸 생각이 나는 이유가 명확해진다. 운의 흐름에서도 이별 이후 충(衝)이 발생했던 시점이 지나고, 그 사람과의 합이 다시 형성되는 해나 달이 오면, '아무 이유 없이' 그 사람이 떠오르곤 한다. 이때 느끼는 감정은 남아 있는 것이 아니라, 과거의 구조가 다시 작동하고 있다는 증거다.

명리학은 이렇게 말한다. "놓지 못하는 것이 아니라, 아직 작동하고 있는 중이다." 놓으려면, 감정을 억누르는 것이 아니라 그 구조를 인식하고 받아들여야 한다. 감정은 감춘다고 끝나지 않기 때문이다.

융의 관점

융의 심리학에서 이러한 현상은 주로 그림자(Shadow)와 콤플렉스(Complex)의 작용으로 이해된다. '이미 끝난 관계인데도 자꾸 떠오르는 인연'은 자기 안에 있는 미처 통합되지 못한 그림자 자아의 반영일 수 있다. 그 사람은 나의 '그림자' 혹은 '아니마/아니무스'로 등장해, 내가 억누르고 있던 감정과 욕망을 불쑥불쑥 자극한다.

또한 그 인연에 강한 감정이 얽혀 있었다면, 그 기억은 감정기반 콤플렉스로 남아 무의식 깊이 각인된다. 무의식은 그 감정을 억누를 뿐 없애지 않는다. 오히려 억압된 감정일수록 어떤 자극에도 더 쉽게 깨어나며, 때로는 꿈속에서, 낯선 사람에게 투사되어 반복된다.

융은 말한다. "그 사람을 잊으려 하지 말고, 그 사람이 내게 남긴 '의미'를 통합하려고 하라." 관계를 놓는다는 건 그 사람을 지우는 게 아니라, 그를 통해 드러난 나의 무의식을 이해하고, 그것과 화해하는 과정이다.

만남보다
지나감이 말해 주는 것들

 어떤 관계는 지나간 후에야 진짜 의미를 드러낸다. 함께 있는 동안에는 그저 평범하다고 생각했던 말들, 당연하다고 여겼던 태도들, 마음 한편에 걸렸던 사소한 감정들. 그 모든 것이 그 사람이 사라지고 나서야 비로소 낯설고, 특별하고, 어딘가 허전하게 느껴진다.

 사람은 만남 속에서 감정을 느끼지만, 그 감정이 얼마나 깊었는지는 이별을 겪은 후에야 알게 된다. 문득 조용한 오후, 그 사람이 없다는 사실이 공기처럼 가볍고 무겁게 느껴질 때, 비로소 이해하게 된다. 그 사람은 그 자리에만 있었던 것이 아니라, 내 삶의 리듬이 되어 있었다는 것.

 관계는 말로 이어지지만 기억은 분위기로 남는다. 함께 걷던 길의 풍경, 자주 머물던 공간의 온도, 익숙한 향기, 마주 보던 순간의 정적. 그 모든 장면이 사라지고 나서도 마음 한쪽에 묘한 여운을 남긴다. 그건 단순히 그 사람을 그리워하는 게 아니다. 그 사람과 함께했던 나의 감정이 아직 그 안에서 숨 쉬고 있기 때문이다.

어떤 관계는 그때는 잘 몰랐지만 지나고 나서야 소중했음을 알게 된다. 그건 그 사람이 바뀐 게 아니라, 내 감정이 그 사람 없이도 작동하는 순간을 처음으로 마주하게 되었기 때문이다. 말하지 않았던 고마움, 돌아보면 느껴지는 배려, 작은 싸움에 숨겨져 있던 애정. 이별은 '끝'이라기보다 관계의 의미를 복원하는 시간이다.

모든 감정은 사라진다. 하지만 모든 감정이 흔적을 남기는 것은 아니다. 그 흔적이 남는 관계, 그 흔적이 시간이 지나도 여전히 마음을 울리는 관계 그것이 인연이다. 진짜 인연은 함께 있을 때보다 떠난 이후에 더 많은 말을 해준다.

명리학의 관점

명리학에서는 관계의 '흔적'은 보통 운의 이동과 작용했던 십성의 종료 이후에 드러난다. 예컨대 재성(정재/편재)이 들어왔던 운에서 누군가와의 관계가 형성되었고, 그 운이 끝나면 그 인연도 자연스레 정리되기 시작한다.

하지만 그 사람은 사라졌는데도, 삶에 감정의 여진이 계속되는 경우가 있다. 이런 흐름은 보통 사라진 십성이 내 원국 어딘가에 고정적으로 작용하고 있거나, 혹은 사주에 있는 오행 간의 합과 충이 그 인연의 여운을 반복해서 건드릴 때 발생한다.

또한, 지나간 인연이 다시 의미를 드러내는 시점은 통상적으로 운의 반합, 또는 원진관계가 느슨해질 때 찾아온다. 그 시기가 오면, 사람은 그 관계가 남긴 구조를 새롭게 인식하고, "그때는 몰랐지만, 사실은 소중했구나"라고 말하게 된다.

명리는 이렇게 말해 준다. 지나감은 단절이 아니라 회상의 구조 속에서 완성된다. 그 사람의 역할은 끝났지만, 내 삶의 문장 안에서 여전히 기능하고 있다는 뜻이다.

융의 관점

융의 심리학에서는 이러한 과정을 무의식의 재구성이라 본다. 관계가 한창 진행 중일 때는 페르소나(가면)가 감정을 가리고, 의식은 방어기제로 인해 진짜 감정을 알아채지 못한다.

하지만 이별 이후, 상대가 사라진 공간에서 무의식은 조용히 '그 사람 없는 상태의 나'를 인식하기 시작한다. 이 과정에서 그와 함께한 감정이 재구성되고, 감정의 구조가 선명하게 떠오른다.

특히 애도 과정(grieving)은 단순히 상실의 아픔만이 아니라, 그 인연의 의미를 다시 조명하고 통합하는 시간이다. 그 사람과의 추억 속에서 내가 어떤 사람이었는지, 그리고 그 사람은 나에게 어떤 구조로 작용했는지를 천천히 되짚게 된다.

융은 말한다. "그 사람의 부재를 통해 당신은 당신 자신을 더 많이 알게 될 것이다." 진짜 인연은 함께 있을 때보다, 떠난 후에 더 많은 상징을 남긴다. 그 여운이 감정의 거울로 작동하며, 내면의 자아를 조용히 일으켜 세운다.

감정은 사라지지만
흔적은 남는다

사람의 감정은 사라진다. 처음엔 모든 걸 흔들 것 같았던 감정도 시간이 지나면 점점 흐려지고, 결국엔 덤덤한 일상이 된다. 그 사람을 떠올려도 마음이 크게 움직이지 않고, 같은 길을 걸어도 이제는 울지 않는다.

하지만 이상하게도, 어떤 감정은 사라진 후에도 마음의 깊은 곳 어딘가에 '흔적'으로 남는다. 그 흔적은 기억이 아니다. 몸이 먼저 반응하는 감정의 잔재다. 예상치 못한 장면에서, 익숙한 음악, 스치는 냄새, 비슷한 표정이나 말투를 마주할 때 이미 감정은 떠났다고 믿었지만 가슴 어딘가가 조용히 움직인다.

그 사람을 다시 사랑하고 싶은 건 아니지만 그 사람과 나

놨던 감정은 지워지지 않은 채, 감정의 기억처럼 남아 있다. 사랑은 끝났지만, 그 사랑이 만들어 놓은 감정의 지도는 그대로 남아 있다. 그때 느꼈던 따뜻함, 그때 생겼던 불안, 그 사람에게만 보여 주었던 약한 나. 그 모든 순간이 지금의 나를 구성하는 조각이 되어 다른 감정을, 다른 인연을 만날 때마다 무의식적으로 다시 반응하게 만든다.

이것이 '감정의 흔적'이고, 명리학적으로는 이 흔적이 바로 구조 속에 남는 기운의 패턴이다. 사람은 감정으로 연결되고, 시간이 지나면 감정을 놓는다. 하지만 놓은 감정은 사라지는 게 아니라, 나라는 사람을 구성하는 일부로 스며든다.

그래서 어떤 인연은 끝났지만, 내가 누군가를 대하는 방식을 바꾸고 세상을 바라보는 눈을 바꾸고 나 자신을 이해하는 방식까지 바꾸어 놓는다. 그건 끝이 아니다. 그건 감정이 구조가 되는 순간이다.

감정은 사라진다. 그러나 그 감정이 지나간 자리엔 반드시 흔적이 남는다. 그 흔적이 지금의 나를 만든다.

명리학의 관점

명리학에서 말하는 '감정의 흔적'은 단순한 한때의 기분이 아니다. 그것은 십성이 삶의 순간순간에서 겪은 경험들이, 오행의 상호작용 속에 에너지의 결로 남은 것이다.

예를 들어, 식신과 재성의 흐름 속에서 누군가를 깊이 사랑했다면, 그 사랑은 시간이 지나 관계가 끝난 뒤에도 식신의 표현 방식이나 재성을 대하는 태도에 무의식적 패턴으로 남는다. 사랑은 떠났지만, 그 사랑이 만들어 낸 말투, 감정의 결, 그리고 상대에게 반응하는 방식은 다음 인연 앞에서 다시 모습을 드러낸다.

특히 감정의 흔적은 사주의 용신이나 기신과 얽힐 때 더욱 뚜렷해진다. 용신과의 조화를 깨뜨린 관계는 이별 후에도 고통의 그림자로 남고, 반대로 용신을 도운 인연은 사라진 후에도 오래도록 삶을 따뜻하게 감싼다.

결국 감정은 지나가고, 기운은 남는다. 그리고 그 기운은 나라는 사람을 조용히, 그러나 확실히 변형시킨다. 그 흔적이 바로, 다음 인연이 내 앞에 섰을 때 내가 어떤 방식으로 반응하고 연결되는지를 결정하는 심리적 구조가 된다.

명리는 말한다. "사람은 감정을 지우는 존재가 아니라, 감정을 구조로 바꾸는 존재다."

융의 관점

융의 심리학에서 감정의 흔적은 감정기반 기억(Affective memory)과 무의식적 반응 구조로 이해된다. 융은 "의식이 사라진 감정조차 무의식은 기억한다"고 했다. 한 사람이 떠났지만, 그 사람을 통해 표현된 나의 특정 감정들, 예를 들어 불안, 의지, 내려놓음, 책임 같은 감정은 무의식의 한 영역에 감정의 지도처럼 새겨진다.

이후 다른 사람과의 관계에서 비슷한 정황이 발생하면 무의식은 그때와 비슷한 감정 반응을 자동적으로 호출한다. 바로 이것이 '감정은 사라지지만 흔적은 남는다'는 진술의 핵심이다. 특히 이 흔적은 콤플렉스(complex)로 작동하거나, 투사(projection)를 유발하여 새로운 인연에게 과거의 감정을 되풀이하게 만든다.

융은 이 과정이 반복되는 이유를 이렇게 설명했다. "사라진 감정은 잊힌 것이 아니라, 통합되지 않은 것이다." 통합되지 않은 감정은, 언젠가 다시 찾아와 나를 새롭게 구성하게 된다.

사랑은 명리로 설명되지 않는다. 그러나 통과할 수 있다

어떤 사랑은 모든 이론을 비웃는다. 논리도, 분석도, 패턴도 통하지 않는다. 지금까지 배운 것들이 모두 무력해지는 순간이 있다. 그 사람 앞에서 사주를 떠올리는 대신, 그저 한 인간으로 서 있는 나를 느끼게 된다.

명리학은 사람과 사람 사이의 구조를 말해 준다. 궁합을 보고, 타이밍을 읽고, 지나간 이별도, 다가올 만남도 일정한 흐름으로 해석한다. 그 구조는 분명히 존재한다. 그리고 많은 순간, 그 구조는 정확하다.

하지만 사랑은 구조를 넘어선다. 그 사람을 만나고 설명할 수 없는 감정이 터져 나올 때, 그 모든 이론은 잠시 뒤로 물러나게 된다. 사랑은 이해하는 것이 아니라 겪어 내는 것이다.

명리는 사랑을 예측하는 도구가 아니라, 그 사랑을 '어떻게 겪을 것인지'를 안내해 주는 지도에 가깝다. 어떤 인연은 겪어야 비로소 의미를 안다. 구조가 아무리 잘 맞아도 사람은 다르게 반응할 수 있고, 구조가 불리해도 감정은 그 벽을 넘을 수 있다.

그래서 명리학은 사랑을 '막는' 학문이 아니라, 사랑을 '통과하게 해주는' 언어다. 그 사람을 이해하지 못했을 때, 사주의 구조를 다시 들여다보게 된다. 왜 이토록 서로를 오해하는지, 왜 이토록 끌리면서도 아픈지, 왜 끝내 닿지 못했는지를 묻기 위해.

그 질문의 끝에서 구조는 이렇게 말한다. "이건 네 잘못이 아니야. 이건 그 사람의 잘못도 아니야. 이건 구조였고, 이건 인연이었다. 그리고 너는 지금 그것을 지나가고 있는 중이다."

사랑은 명리로 설명되지 않는다. 하지만 사랑을 겪어 낸 다음, 그 감정을 다시 바라볼 수 있는 눈을 명리는 준다. 그래서 결국, 사랑은 명리로 통과된다.

명리학의 관점

명리학은 사랑을 예측하기보다, 사랑을 겪어 내는 방식을 보여 주는 도구다. 사주팔자에서 궁합이나 타이밍, 십성 간의 작용은 관계의 흐름을 이해하는 데 분명 유효하다.

그러나 구조가 맞는다고 해서 반드시 행복한 사랑이 되지 않고, 형충(形沖)해도 마음이 깊이 움직이는 사랑이 있다. 이는 사주가 관계의 '틀'을 말해 줄 뿐, 감정의 강도나 주관적 고통까지는 말해 주지 않기 때문이다.

또한, 사랑의 경험은 보통 관성, 재성, 식상 등의 강한 작용 아래에서 예외적이고 파국적으로 나타나는 경우가 많다. 특히 겁재+정관, 비견+편재 등 모순된 구조의 공존은 사랑이라는 감정을 더 치열하고 절박하게 만든다.

명리는 사랑을 제한하지 않는다. 오히려 명리는 묻는다. "이 감정은 왜 이렇게 아팠는가?" "왜 끌리면서도 멀어졌는가?" "왜 끝났지만 끝나지 않은 것처럼 남아 있는가?" 그리고 그 질문을 따라가다 보면 어느 순간, 그 모든 감정이 '내가 통과한 인연'으로 정리되는 시점이 온다. 명리는 그 순간을 가능하게 해주는 언어다.

융의 관점

융의 심리학에서 사랑은 종종 아니마/아니무스의 강렬한 투사로 시작된다. 내 안의 이상적인 여성상(아니마) 또는 남성상(아니무스)을 타인에게 투사하면서 강렬한 사랑의 감정을 느끼게 되는 것이다.

이 감정은 논리나 분석을 초월한 무의식적 작용이며, 그 사람의 실제 모습보다 내 내면이 만든 이미지에 더 가까울 수 있다. 그래서 사랑은 설명되지 않는다. 사랑은 겪어지고, 붕괴되고, 그 잔해 위에서 자아는 다시 구성된다.

융은 사랑을 '개성화(individuation)'의 통로라고 보았다. 그 사람과의 감정적 격렬함, 오해와 좌절, 감정의 소진 등 그 모든 것이 결국은 나를 더 깊이 이해하고 내 무의식의 그림자와 대면하게 하는 여정이다.

그래서 융은 말한다. "사랑은 상대를 알아 가는 길이 아니라, 나 자신을 통과하는 길이다." 이 말은 명리의 통과 개념과 정확히 겹친다.

인연은 외부 사건이 아니라
내부의 각성이다

　사람은 흔히 말한다. "그 사람이 날 이렇게 만들었어." "그 사람 때문에 이렇게 힘들어졌어." 하지만 시간이 지나면 그 감정의 시작이 상대의 행동이 아니라 내 안의 어떤 반응에서 비롯되었음을 알게 된다.

　한 사람을 사랑했을 때, 그 사랑은 분명 그 사람을 향해 있었지만 사실은 그 사람을 통해 내 안에 어떤 문이 열렸던 것이다. 그 문은 그동안 보지 않으려 했던 나의 불안, 잊고 있었던 상처, 드러내지 않았던 욕망과 외로움. 그리고 결국 내가 누구였는지를 마주하게 하는 통로였다.

　사랑은 관계를 통해 시작되지만, 결국엔 내 안의 무엇을 깨우기 위한 사건으로 남는다. 그 사람은 스쳐 갔지만 그 사람이 남긴 감정은 나를 오래도록 흔든다. 그건 그 사람이 대단해서가 아니다. 그 사람이 내가 나를 마주하는 거울이었기 때문이다.

인연은 외부에서 발생하는 일이 아니다. 그 사람의 말투나 눈빛, 행동이 내 감정을 만든 것이 아니라, 그 모든 요소에 '내가 어떻게 반응했는가'가 본질이다. 감정은 누군가가 만들어 주는 게 아니다. 감정은 내 안에 있었던 어떤 진동이 외부의 자극을 통해 깨어나는 것이다.

그래서 어떤 인연은 설명되지 않는 울림으로 오래 남는다. 그건 아직 끝나지 않은 감정이 아니라 아직 끝나지 않은 나와의 대화이기 때문이다. 관계는 외부의 사건이지만, 인연은 내면의 각성이다.

인연은 삶을 바꾸지 않는다. 인연은 나를 스스로 바꾸고 싶게 만든다. 그 사람이 사라진 뒤, 내가 달라진 걸 깨달았다면 그건 사랑이었고, 그것은 인연이었다.

명리학의 관점

명리학은 관계를 외부의 사건으로 보지 않는다. 사람은 항상 자신에게 필요한 인연을 만난다. 그 인연은 타이밍의 작용으로 찾아오고, 그 타이밍은 운에서 활성화된 오행의 흐름으로 설명된다. 예컨대, 정관의 시기에 만난 사람은 내 안의 질서를 요구하고, 내면의 책임을 각성시키며, 식신의 시기에 만난 인연은 나의 감정을 표현하게 만들고, 억눌린 자아를 드러내게 한다.

그러나 중요한 건 이 모든 감정과 반응이 상대의 존재 때문이 아니라, 그 시기에 드러나게 되어 있었던 나의 구조 때문이라는 것이다. 그래서 명리는 말한다. "인연은 운에서 오고, 감정은 사주에서 일어난다."

결국 내가 어떤 사람을 만나고 어떤 감정을 겪었는가는, 나에게 어떤 변화와 깨달음이 필요했는가의 반영이다. 그 사람은 사건이었지만, 그 사건은 구조 위에 도착한 감정의 진동이었다. 이것이 명리가 바라보는 '인연은 각성이다'라는 문장의 뿌리다.

융의 관점

융의 심리학에서는 이러한 경험을 '개성화(individuation)'의 결정적 순간으로 본다. 즉, 인연이란 단지 만남이 아니라 나의 무의식이 깨어나는 자극이며, 그 자극이 자아와 무의식 사이의 새로운 통합을 가능케 하는 문이라는 것이다.

사랑은 누군가를 통해 시작되지만, 그 사랑이 각성시키는 것은 결국 나 자신의 내면이다. 그래서 융은 말한다. "진정한 만남은 외부에서 일어나는 것이 아니라, 그 만남을 통해 자기 자신과 다시 마주하게 되는 것이다."

특히, 이 장에서 언급된 '거울로서의 타인'은 융이 강조한 투사의 해소와 통합을 떠오르게 한다. 우리는 누군가에게 무언가를 강렬히 느낄 때, 사실은 내 안의 보지 못한 그림자, 혹은 억압된 욕망을 발견하고 있는 것이다. 그리고 그 투사가 해소된 이후, 내가 달라져 있음을 느끼는 순간, 그때 비로소 우리는 그 인연의 의미를 이해하게 된다.

융은 이 과정을 '영혼이 진짜로 자라나는 시간'이라 부른다. 그 사람이 나를 바꾼 것이 아니라, 그 사람을 통해 내가 나를 다시 만나고 싶어졌던 것이다.

3부

십성으로 본
인연의 얼굴
─내 삶에 들어온 열 가지 존재들

사주는
관계의 언어다

 우리는 누군가를 만날 때 그 사람의 말투, 표정, 분위기를 기억한다. 하지만 정말 깊이 남는 건 그 사람이 나에게 어떤 감정을 일으켰는가이다. 사람은 감정을 통해 관계를 기억하고, 관계를 통해 자신을 이해하게 된다. 그리고 그 감정의 방향은 우연이 아니라 구조에서 비롯된다.

 사주는 단순히 한 사람의 성격이나 운을 보는 도구가 아니다. 사주는 관계를 읽는 언어다. '이 사람이 어떤 사람인가'보다 '이 사람이 나에게 어떤 영향을 주는가'를 말해 주는 구조다. 어떤 사람은 나를 편하게 만들고, 어떤 사람은 나를 날카롭게 만든다. 어떤 사람은 나의 상처를 건드리고, 또 어떤 사람은 그 상처를 말없이 감싸 준다.

그 다름은 성격 때문이 아니다. 그건 사람 사이의 기운이 어떤 방식으로 반응하는가에 따른 차이다. 그 반응의 패턴은 십성이라는 구조 속에 이미 존재하고 있다. 십성은 단순히 열 개의 성격 유형이 아니다. 그것은 사람이 사람에게 건네는 감정의 방식이자, 관계가 만들어 내는 힘의 언어다.

누군가는 나와 너무 닮아서 같이 있으면 답답하고, 또 누군가는 너무 달라서 이상하게 끌리지만 오래 버티기 어렵다. 누군가는 나를 보호하려 하고, 또 누군가는 내 삶에 예상치 못한 균열을 일으킨다. 그 모든 감정의 배치는 십성의 구조 속에서 내가 누구를 만나 어떤 감정을 느끼게 되는지, 그리고 그 감정이 나를 어디로 이끄는지를 말해 준다.

사람은 그저 사람을 만나는 것이 아니다. 사람은 자신에게 어떤 '에너지'로 다가오는 사람을 만나게 된다. 그리고 그 에너지는 나의 사주와 상대의 사주 사이에서 끊임없이 교차하며 감정의 파형을 만든다. 그 파형이 때로는 사랑이 되고, 때로는 오해가 되며, 어떤 경우에는 한 사람의 인생을 완전히 바꾸어 놓기도 한다.

그 감정은 우연이 아니다. 그것은 '십성'이라는 언어로 번역된 인연의 구조다. 사주는 관계의 언어다. 그리고 십성은 그 언어의 알파벳이다. 사람을 읽기 전에, 그 사람과 나 사이에 작동하는 보이지 않는 언어의 흐름을 이해할 수 있다면 감정은 덜 흔들리고, 관계는 더 깊어질 수 있다.

십성은 어디에서 오는가

십성(十星)은 단순히 성격을 설명하는 말이 아니다. 그것은 관계 속에서 반복되는 장면들을 비춰 주는, 하나의 언어다. 누군가는 늘 자신과 경쟁하려 드는 친구를 곁에 두고, 누군가는 늘 자신을 지켜 주려는 사람을 만난다. 또 어떤 이는 사랑할 때마다 상대의 욕망을 대신 살아 내듯 끌려가고, 또 다른 이는 상대에게서 늘 차가운 거절만을 경험한다.

십성은 "왜 나는 이런 사람을 자꾸 만나게 되는가", "왜 나는 그 상황 앞에서 늘 같은 감정을 느끼는가"라는 질문에 답을 건넨다.

이 십성은 내 사주 안에서 태어날 때부터 자리를 잡기도 하고, 시간의 흐름 속에서 운이 바뀌며 들어오기도 하며, 때로는 한 사람의 얼굴과 몸짓을 통해 내 앞에 직접 나타나기도 한다.

　십성을 읽는다는 것은 결국, 나라는 개인의 성격만을 해석하는 일이 아니라 삶이 반복해서 보여 주는 감정과 관계의 패턴을 이해하는 일이다.

사주에 대한
기본 이해

—연주: 자신이 태어난 해의 기운

—월주: 자신이 태어난 달의 기운

—일주: 자신이 태어난 날의 기운

—시주: 자신이 태어난 시의 기운

시주	일주	월주	연주
시간	일간	월간	연간
시지	일지	월지	연지

사주 네 기둥의 의미

1. 연주(年柱) — **뿌리, 배경**
— 연간: 조상, 가문에서 받은 사회적 영향
— 연지: 어린 시절 환경, 초기의 인간관계
— 특징: 내가 선택하지 않은 배경 → 출발점
  예) "나의 뿌리는 어디에서 시작되었는가?"를 말해 주는 자리

2. 월주(月柱) — **기후, 성장 환경**
— 월간: 부모, 직업적 성향, 사회적 역할
— 월지: 성격의 뿌리, 평생 변하지 않는 성향의 핵심
— 특징: 사주 해석의 중심. 계절감이 들어 있으므로 '삶의 기후'를 결정
  예) 봄에 태어난 나무는 꽃과 열매를 쉽게 맺지만, 겨울에 태어난 나무는 더딘 대신 강인하다.

3. 일주(日柱) — **나, 그리고 가장 가까운 인연**
— 일간: 나 자신. 사주의 주인공. 모든 십성은 일간을 기준

으로 관계를 맺는다

―일지: 배우자, 친밀한 관계, 본능적 성향

―특징: 내 삶을 실제로 살아 내는 자리. 외부 환경과 무관하게, 내 선택과 본능이 드러남

　　예) "나는 누구인가? 내가 누구와 함께 살아갈 것인가?"

4. 시주(時柱) ― 미래, 후반부

―시간: 자식, 미래의 창조물

―시지: 노년기, 후반 인생에서 맺는 인연

―특징: 내가 남기는 것, 앞으로의 나

　　예) "나의 인생 후반은 어디로 흘러갈 것인가? 무엇을 남길 것인가?"

천간과 지지의 의미

1. 천간(天干): 연간, 월간, 일간, 시간

―겉으로 드러나는 기운

―내가 세상에 표현하는 방식, 외부와 소통하는 언어

―성격으로 보면 '표정과 말투' 같은 것.

　예) 천간이 재성(돈·실리)이라면, 세상에서 나는 '실리를 좇는 사람'처럼 보인다.

2. 지지(地支): 연지, 월지, 일지, 시지

―내면의 뿌리, 실제 환경
―실제 사건이 담긴 자리
―성격으로 보면 '심장 박동과 습관' 같은 것

　예) 겉으로는 온화해 보여도(천간) 속은 늘 긴장 상태(지지)일 수 있다.

3. 천간 vs 지지

―천간은 나의 의지, 지지는 처한 환경 또는 구조
―천간과 지지가 일치하면 나의 의지가 환경에서도 표출.
―다르면 복합적이고 내적 갈등이 많다.
―이 대비를 보는 것이 사주 해석의 묘미

각 자리별 디테일 포인트

―연간: 사회적 이름표, 첫인상

―연지: 가족사, 어린 시절의 무의식

―월간: 부모와 사회적 역할, 직업적 기질

―월지: 평생 변하지 않는 성격, 본질적 뿌리

―일간: 나 자신, 주체

―일지: 배우자, 본능, 친밀한 관계에서의 성향

―시간: 내가 앞으로 만들 것, 후배·자식

―시지: 노년의 삶, 내가 남기는 유산

영향을 강하게 미치는 순서

일단, 사주앱(천을귀인, 만세력 등)에서 자신이 태어난 년월일시를 입력한다.

(시를 모를 경우, 연월일까지만 입력해도 가능)

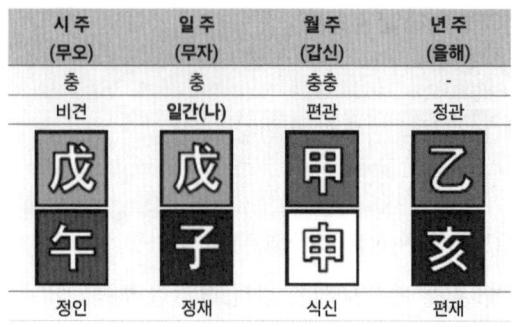

① 월간(위 표에서는 편관)

② 월지(위 표에서는 식신)

③ 일지(위 표에서는 정재)

④ 40세 전 연주(위 표에서는 정관, 편재) 40세 후 시주(위 표에서는 비견, 정인)

⑤ 대운에서 들어오는 십성

* 너무 복잡하다 느껴진다면, 3번까지만 참고!!!
* 사주팔자 아래에 10년간의 기운인 대운, 1년간의 기운인 세운 및 한 달간의 기운인 월운으로 들어오는 십성의 영향도 받는다.
* 꼭 다 이해하지 않아도 괜찮다!!!
  읽다가 '어? 이거 나 같은데?' 싶은 십성이 있다면,

전통나이(대운수:6, 역행)

86	76	66	56	46	36	26	**16**	6
편인	겁재	비견	상관	식신	정재	편재	정관	편관
癸	甲	乙	丙	丁	戊	己	庚	辛
酉	戌	亥	子	丑	寅	卯	辰	巳
편관	정재	정인	편인	편재	겁재	비견	정재	상관
절	묘	사	병	쇠	제왕	건록	관대	목욕
육해살	화개살	겁살	재살	천살	지살	년살	월살	망신살
장성살	반안살	역마살	육해살	화개살	겁살	재살	천살	지살
육해살	화개살	겁살	재살	천살	지살	년살	월살	망신살

세운(년운)

2033	2032	2031	2030	2029	2028	2027	2026	**2025**
편인	정인	편관	정관	편재	정재	식신	상관	비견
癸	壬	辛	庚	己	戊	丁	丙	乙
丑	子	亥	戌	酉	申	未	午	巳
편재	편인	정인	정재	편관	정관	편재	식신	상관
쇠	병	사	묘	절	태	양	장생	목욕
천살	재살	겁살	화개살	육해살	역마살	반안살	장성살	망신살
화개살	육해살	역마살	반안살	장성살	망신살	월살	년살	지살
천살	재살	겁살	화개살	육해살	역마살	반안살	장성살	망신살

2025년 (16세) 월운 (양력)

10월	9월	8월	7월	6월	5월	4월	3월	2월	1월
정관	비견	겁재	편인	정인	편관	정관	편재	정재	식신
丙	乙	甲	癸	壬	辛	庚	己	戊	丁
戌	酉	申	未	午	巳	辰	卯	寅	丑
정재	편관	정관	편재	식신	상관	정재	비견	겁재	편재
묘	절	태	양	장생	목욕	관대	건록	제왕	쇠
화개살	육해살	역마살	반안살	장성살	망신살	월살	년살	지살	천살
반안살	장성살	망신살	월살	년살	지살	천살	재살	겁살	화개살

바로 그게 당신 안에 존재하는 에너지다!!!

십성은 이렇게 인연으로 들어온다

적용 위치	의미	예시 문장
내 사주 안	내가 가진 성향, 내면의 감정 구조	"나는 겁재가 있어서 늘 관계 안에서 경쟁과 긴장을 경험한다." "나는 식신이 있어서 늘 무언가를 창조하고 표현하며 살아야 한다." "나는 정인이 있어서 언제나 타인의 마음을 이해하고 돌보려는 욕구가 강하다."
운에서 들어올 때	시기의 흐름, 나에게 오는 인연의 패턴	"정인 대운이 들어왔더니, 자꾸 나를 걱정해 주는 사람이 곁에 생긴다." "편재 대운이 들어오니, 새로운 기회와 인연이 사방에서 몰려든다." "정관 대운이 들어오자, 책임과 역할을 요구하는 자리가 자연스레 주어진다."

십성 조합은 이렇게 해석한다

조합 위치	의미	예시 문장
내 사주 안 조합	내 안의 감정 반응 패턴	"정인+비견 조합이 있어 말없이 공감하는 걸 좋아한다." "겁재+정관 조합이 있어 관계 속에서 서로 긴장을 주고받으며 성장한다." "식신+편인 조합이 있어 지적 호기심을 채우며 창조적인 활동을 즐긴다."
운의 조합 * 사주와의 상호 작용	시기적으로 나타나는 감정의 패턴	"내 사주에 정관이 있는데, 운에서 상관이 들어오니 권위에 도전하고 싶은 마음이 자꾸 생긴다." "내 사주에 식신이 있는데, 운에서 편재가 들어오자 재능이 곧바로 성과와 기회로 이어진다." "내 사주에 비견이 있는데, 운에서 정인이 들어오니 서로를 지지하며 배우려는 인연이 찾아온다."

운의 조합 * 기둥 자체의 해석	시기 자체의 감정 구조와 인연의 테마	"운에서 편재와 식신이 함께 들어오니, 새로운 기회를 잡기 위해 부지런히 움직이게 된다." "운에서 정관과 정인이 동시에 들어오자, 배움과 책임이 함께 강조되는 시기가 된다." "운에서 겁재와 상관이 겹쳐 들어오니, 경쟁 속에서 자기 표현을 강하게 드러내게 된다."
궁합 (상대와의 조합) * 상대와의 궁합은 주로 일지를 중심으로 본다	두 사람의 관계에서 생기는 감정 구조	"내 일지에 편관, 상대 일지에 정인이 있으면 나는 책임과 긴장 속에 살고 싶어 하고, 상대는 그걸 따뜻하게 보살피려 하니 서로 보완되는 궁합이 된다." "내 일지에 비견, 상대 일지에 편재가 있으면 자주 재물 문제나 경쟁 구도로 이어져 긴장감이 생길 수 있다." "내 일지에 정인, 상대 일지에 상관이 있으면 한쪽은 보살피려 하고 한쪽은 자기 표현을 강조해 미묘한 부딪힘이 잦다."

그래서 중요한 건…

십성은 '내가 누구인가'만을 말하지 않는다. 그건 '나는 어떤 인연을 끌어들이는가', 그리고 '그 인연 속에서 어떤 나로 드러나는가'를 함께 보여 준다.

이제부터, 각 십성을 따라 내 삶에 들어온 열 가지 인연의 얼굴을 만나보려 한다. 때로는 사랑이었고, 때로는 아픔이었으며, 어떤 이는 나를 성장시켰고, 어떤 이는 나를 되돌아보게 했다. 하지만 그 모든 만남은 결국, 내 안의 어떤 가능성을 깨우는 일이었다.

비견:
나와 닮아 대등하게 서며,
함께 버티고 나아가는 인연

질문자 선생님, 비견이라는 건 정확히 어떤 건가요?

화탁지 쉽게 말하면, 사주 속에서 '나랑 같은 성질을 가진 또 하나의 나'를 말해요.

질문자 같은 성질이요?

화탁지 네. 나와 같은 오행, 같은 음양을 가진 기운이에요. 성향이 많이 닮죠. 그래서 처음 만나면 이상하리만치 편하고, 말도 잘 통합니다.

질문자 듣기만 해도 좋은데요. 그럼 항상 좋은 건가요?

화탁지 좋기만 한 건 아니에요. 같은 만큼, 경쟁도 쉽게 생겨요. 나랑 닮았다는 건 장점도 비슷하지만 단점도 비슷하다는 뜻이거든요. 서로가 서로의 장점은 인정하면서도, 단점은 상대방에게서 더 선명하게 보이니까요.

질문자 경쟁이라고 하셨는데, 조금 더 구체적으로 설명해주실 수 있나요?

화탁지 예를 들어서, 내가 어떤 분야에서 두각을 나타내고 있는데, 비견 인연이 나타나요. 그 사람은 나랑 비슷한 방식으로 일을 하고, 비슷한 아이디어를 냅니다. 편한 동시에, '내 자리 뺏기면 어쩌지?' 하는 긴장감이 드는 거죠.

질문자 그러면 결국 사이가 나빠질 수 있다는 건가요?

화탁지 나빠질 수도 있고, 반대로 서로를 더 성장시키는 관계가 될 수도 있어요. 서로 자극을 주고받으면서 더 높은 단계로 가는 거죠. 이건 개인의 그릇과 상황에 따라 달라집니다.

질문자 인연에서 비견을 만나면 어떤 느낌일까요?

화탁지 편안함이 먼저예요. 말이 잘 통하고, '나랑 같은 편'이라는 확신이 생기죠. 그래서 초반엔 좋은 동료나 친구로 시작하는 경우가 많아요.

질문자 그런데 시간이 지나면요?

화탁지 시간이 지나면, 그 편안함 속에서 미묘한 비교가 시작돼요. '저 사람은 나보다 조금 더 낫네?', 혹은 '내가 저것만큼은 더 잘하네.' 이런 비교가 자연스럽게 일어나죠.

질문자 듣고 보니, 좋음과 긴장감이 동시에 존재하네요.

화탁지 맞아요. 그래서 비견 인연은 '같아서 좋은데, 같아서 부딪히는' 관계가 많습니다. 친구, 동료, 연인 심지어 가족에서도요.

질문자 혹시 실제로 비견 인연이 크게 작용한 사례가 있을까요?

화탁지 제 지인 중에, 같은 업계에서 일하는 친구가 있었어요. 두 사람은 처음엔 서로의 장점을 존경했죠. 그런데 시간이 지나면서, 클라이언트가 한쪽을 더 선호하는 상황이 생기니까 긴장이 커졌어요. 결국 잠시 거리를 두게 됐죠. 그런데 몇 년 후, 각자 다른 분야에서 성장해 다시 만났을 땐 서로의 발전을 진심으로 축하해 줄 수 있었어요. 비견은 이렇게 '한 번의 시험'을 통과해야 관계가 깊어집니다.

질문자 시험이라… 흥미롭네요.

화탁지 네. 같은 성향끼리 만나면, 결국은 '누가 더 나은가'

보다 '어떻게 함께 더 나아갈까'를 배우게 돼요.

질문자 명리학에서 말하는 그 특성이, 융 심리학과도 연결이 되나요?

화탁지 충분히 연결됩니다. 융은 '자기(Self)'와 '그림자(Shadow)'를 이야기했죠. 비견은 내 안의 '또 다른 자기'를 외부에서 만나는 경험과 비슷해요. 나와 비슷한 사람을 만나면, 마치 거울을 보는 것처럼 내 장점과 단점이 동시에 드러납니다.

질문자 그럼 비견을 만나면 결국 나를 더 알게 되는 거군요.

화탁지 그렇죠. 그 과정에서 자존심이 상하기도 하고, 인정하기 싫은 면과도 마주해야 하지만, 결과적으로는 자기 인식이 넓어집니다. 융이 말한 개성화 과정, 즉 '진짜 나 자신이 되어 가는 길'에 중요한 자극이 되죠.

질문자 장점과 단점은 어떻게 보세요?

화탁지 장점은, 나를 전적으로 이해해 주는 동반자를 얻는 거예요. 같은 언어, 같은 방식으로 세상을 보니까요. 단점은, 그 동반자가 나를 가장 치열하게 시험하는 경쟁자가 될 수 있다는 거죠.

질문자 결국 둘 다 가능성이 있는 거네요.

화탁지 네. 그래서 비견 인연은 '함께 가는 힘'을 얻거나, 반대로 '내 길을 혼자 개척하게 만드는 자극'이 됩니다. 어느 쪽이든 성장에는 도움이 돼요.

> ◈ **비견의 핵심**
>
> 정의: 나와 같은 기운을 가진 또 다른 나. 편안함과 경쟁이 공존
> 인연: 말이 잘 통하고 친근하지만, 단점까지 비춰져 부딪힐 수 있음
> 심리: '또 다른 자기'와의 만남, 자아 인식의 확장
> 장점: 강한 공감대, 든든한 동반자
> 단점: 미묘한 경쟁심, 비교로 인한 갈등

십성 조합

비견 + 비견

경쟁이 곧 성장이다. 내 안에 나와 닮은 또 다른 '나'가 있어 끊임없이 부딪히고 겨룬다. 자존감이 강하고, 주도권을 쥐려는 본능이 중첩되어 타협 없는 직진성과 독립심으로 흐르기 쉽다. 닮았기에 끌리고, 닮았기에 맞서는 이중성.

이 조합이 운에서 들어오면, 나와 비슷한 사람과의 관계에서 자극과 경쟁이 동시에 일어나며, 관계 속에서 내 실체가 더 분명히 드러난다.

비견 + 겁재

겉으로는 비슷해 보여도, 내면의 욕망과 결핍 방식은 전혀 다르다. 겁재는 내 것을 건드리며 자극하고, 비견은 그 과정에서 오히려 스스로를 더 분명히 자각하게 된다. 강한 반발심과 불편함을 수반하지만, 그 에너지가 성장의 원료가 된다.

이 조합이 운에서 들어오면, 나를 대신해 내 욕망을 살아내는 사람을 만나 감정적으로 요동치는 시기를 겪게 된다.

비견 + 식신

식신은 비견의 주체성을 현실화시키는 에너지다. 이상보다 일상, 말보다 실천. 스스로를 밀어붙이려는 비견의 추진력에 식신의 꾸준함이 더해지면 실제 성과가 만들어진다. 나의 자율성이 현실 속 루틴 안에서 구현되는 흐름.

이 조합이 운에서 들어오면, 일상적인 루틴 안에서 자존감을 회복하거나, 현실적인 과업에서 존재감을 드러낼 기회를 얻게 된다.

비견 + 상관

내 방식대로 해내고 싶은 비견의 고집과, 표현하고 인정받고 싶은 상관의 욕망이 충돌한다. 자존심과 표현 욕망이 부딪치며 내 안에서 '말할 것인가 vs 지켜 낼 것인가'의 갈등이 생긴다. 유쾌함과 피로함이 교차하는 내면의 긴장감.

이 조합이 운에서 들어오면, 감정적으로 나를 흔드는 말이나 사람이 등장해 내 방식의 의사소통을 다시 점검하게 된다.

비견 + 정재

정재는 틀과 책임을 중시하고, 비견은 자율성과 자유를 우선시한다. 내 안에서 안정과 독립 사이의 줄다리기가 벌어진다. 때로는 질서를 답답해하고, 때로는 내가 너무 거칠다고 느낀다. 정반대의 에너지가 나를 균형 있게 만들어 주는 구조.

이 조합이 운에서 들어오면, 책임감 있는 사람 또는 관계를 통해 나의 독립심이 시험받거나 성숙해질 기회를 맞는다.

비견 + 편재

비견은 집중하고, 편재는 확장한다. 나만의 것을 지키려는 에너지와 한 번에 많은 것을 잡고자 하는 욕망이 함께 존재한다. 내면에서는 단순함과 복잡함, 몰입과 분산 사이의 긴장감이 흐른다. 내 방식의 일관성을 유지하면서도 유연해지는 법을 배운다.

이 조합이 운에서 들어오면, 매력적이지만 에너지가 강한 사람과 연결되며 내가 통제할 수 없는 변수와 마주하게 된다.

비견 + 정관

비견은 자기 기준을 따르고, 정관은 사회적 기준을 따르려 한다. 내 안에서 나만의 방식과 외부 질서가 충돌한다. 규범을 따르고 싶지만, 쉽게 순응하지 못하는 나. 자기 틀을 고수하면서도 사회적 책임을 수용해야 하는 시험이 따라온다.

이 조합이 운에서 들어오면, 권위나 규칙과의 마찰 속에서 내가 진짜 따르고 싶은 기준이 무엇인지 묻게 된다.

비견 + 편관

편관은 예측 불가능한 통제를 시도하고, 비견은 지배당하지 않으려 저항한다. 내 안에서 불안을 견디며 자기 자리를 지키려는 투쟁이 일어난다. 표면적으로는 강하게 버티지만, 내면 깊은 곳에서는 닮은 외로움과 결핍이 서로를 자극한다.

이 조합이 운에서 들어오면, 나를 견제하거나 도전하는 인물을 통해 내 내면의 불안과 강박을 인식하게 된다.

비견 + 정인

정인은 이해하고 받아들이려 하고, 비견은 스스로 해내고자 한다. 이 두 에너지가 공존하면 누군가의 온기를 받으면서도 나만의 자립심을 놓지 않으려는 마음이 생긴다. 스스로를 지키면서도 사랑받고 싶은 복합적인 욕망. 타인과의 친밀 속에서도 '나'로 남고 싶다.

이 조합이 운에서 들어오면, 돌봐 주거나 위로해 주는 사람을 통해 내가 혼자 감당해 왔던 부분을 내려놓을 기회를 얻게 된다.

비견 + 편인

편인은 거리를 두고 관찰하고, 비견은 직접 부딪히며 감각한다. 내 안에서 깊이 있는 통찰과 즉각적인 실행력이 함께 작동한다. 고독 속에 파고들다가도 어느 순간엔 거침없이 반응하는 나 자신을 발견하게 된다. 스스로에게 묻고, 스스로 해보는 독학형 성장 구조.

이 조합이 운에서 들어오면, 나를 자극하는 통찰력 있는 사람과의 만남을 통해 내가 인식하지 못했던 내면의 욕구가 드러난다.

겁재:
닮았지만 내 영역을 건드려
긴장과 변화를 주는 인연

질문자 선생님, 겁재는 왜 그렇게 강렬하게 느껴질까요?

화탁지 겁재는 말 그대로 '겁(劫)', 빼앗다·치고 들어오다의 기운이에요. 나와 같은 성질이긴 한데, 그 비슷함을 통해 내 자리를 넘보는 쪽입니다.

질문자 비견이랑도 비슷하다고 들었는데요?

화탁지 비견이 '나와 같은 자리에서 나를 비추는 존재'라면, 겁재는 '내 울타리를 넘어 들어와 흔드는 존재'예요. 그래서 비견이 편안한 경쟁자라면, 겁재는 긴장감을 주는 침입자에 가깝죠.

질문자 그러면, 겁재를 만나면 꼭 불편한가요?

화탁지 꼭 그렇진 않아요. 겁재 인연은 자극이 강해서, 처음엔 불편하지만 시간이 지나면 그 자극이 나를 성장시키는 경우가 많습니다.

질문자 예를 들어요?

화탁지 어떤 분이 안정적인 직장에서 오래 일하다가, 겁재 인연을 만나 창업을 결심했어요. 그 사람은 기존의 안전한 방식을 무너뜨리고 새로운 길을 제안했죠. 처음엔 미웠지만, 나중엔 그 덕분에 더 큰 세상으로 나갈 수 있었다고 하더군요.

질문자 인연에서 겁재를 만나면 구체적으로 어떤 심리가 생길까요?

화탁지 첫째, 경계심이 생깁니다. '이 사람은 나를 이길 수도 있다'는 본능적 인식이죠. 둘째, 묘하게 끌립니다. 나랑 닮았는데, 내가 가지 않은 길을 가는 모습이 매력으로 다가와요. 셋째, 이 두 감정이 동시에 있으니 마음이 굉장히 혼란스러워집니다.

질문자 듣기만 해도 복잡하네요.

화탁지 맞아요. 겁재는 내 안에서 '경계와 끌림'이 동시에 일어나는 드문 인연이에요.

질문자 그럼 명리학적으로는 어떻게 해석되나요?

화탁지 겁재는 재물을 빼앗기거나, 기회를 경쟁자에게 넘기는 상황과 연결됩니다. 하지만 현대적으로 해석하면, 꼭 재물만이 아니라 '내가 지켜온 것'을 흔드는 모든 사건이죠. 사람일 수도 있고, 상황일 수도 있어요.

질문자 그러면 좋은 건지 나쁜 건지 헷갈리네요.

화탁지 겁재는 '시험'이에요. 내가 움켜쥔 것을 놓고 새로운 것을 잡을 수 있는지, 아니면 그대로 버틸 것인지를 묻는 시험이죠.

질문자 혹시 실제 사례가 또 있을까요?

화탁지 한 학생이 있었어요. 늘 혼자 공부하던 성격이었는데, 어느 날 전학생이 왔죠. 그 전학생은 공부 방식도 비슷하고 성적도 엇비슷했지만, 발표력이나 사교성은 훨씬 뛰어났어요. 처음엔 그 존재가 불편했지만, 그 학생 덕분에 발표 연습을 하고, 결국 대학 면접에서 큰 도움을 받았죠. 겁재는 이렇게 '나의 빈칸'을 채우는 존재이기도 합니다.

질문자 결국 경쟁자이지만, 선생이 될 수도 있군요.

화탁지 그렇죠. 불편함 뒤에는 배움이 숨어 있습니다.

질문자 융 심리학으로 보면 겁재는 어떤가요?

화탁지 융의 개념에서 보면, 겁재는 '그림자(Shadow)'를 직접 마주하게 하는 역할을 합니다. 내가 외면했던 욕망이나, 숨겨 둔 열등감을 그 사람을 통해 보게 돼요.

질문자 그래서 더 불편한 거군요.

화탁지 네. 예를 들어, 나는 안정적인 삶이 좋다고 생각했지만 사실 내 안에는 모험심이 숨어 있었을 수 있어요. 겁재 인연은 그 모험심을 끄집어내면서, 동시에 '네가 원하는 게 이거잖아'라고 말하는 존재입니다.

질문자 장점과 단점은 어떻게 보세요?

화탁지 장점은, 나를 안전지대 밖으로 이끌어 줍니다. 단점은, 준비가 안 된 상태에서 변화가 오면 상처가 클 수 있다는 거죠.

질문자 그럼 겁재를 만났을 때 어떻게 해야 하나요?

화탁지 무조건 피하지 말고, 경계를 유지하면서 배우는 게 좋아요. 겁재를 '내 것을 빼앗으려는 적'으로만 보면 잃는 게 많아요. 하지만 '나를 변화시키는 촉매제'로 보면, 훨씬 건강하게 관계를 유지할 수 있습니다.

◈ 겁재의 핵심

정의: 나와 닮았지만, 내 영역을 침범하는 기운. 긴장과 끌림이 동시에 작동
인연: 불편함과 매력을 함께 주며, 변화를 촉발
심리: '그림자'를 드러내고, 숨은 욕망을 자극
장점: 안전지대를 벗어나게 함, 새로운 가능성을 열어 줌
단점: 준비 안 된 변화로 인한 손실과 혼란

십성 조합

겁재 + 비견

닮은 듯 다르다. 나와 비슷한 힘이 겹쳐 있지만, 방향성과 표현 방식이 달라 긴장감이 크다. 내면 깊은 욕망과 경쟁심이 드러나며, '누가 더 나다움에 충실한가'라는 존재의 싸움이 벌어진다. 다툼과 충돌을 통해 오히려 자아를 선명하게 각인시키는 조합이다.

이 조합이 운에서 들어오면, 닮았지만 절대 같지 않은 사람과의 관계를 통해 자기 확신과 자존감을 다시 점검하게 된다.

겁재 + 겁재

강한 본능이 두 겹으로 작동한다. 자극을 추구하고, 경계 없이 밀어붙이며, 감정적 충돌이나 극단적인 선택으로 흐르기 쉽다. 하지만 그만큼 가장 날것의 자기 욕망과 직면하는 구조다. 서로를 파괴할 수도, 가장 진실한 거울이 될 수도 있다.

이 조합이 운에서 들어오면, 통제할 수 없는 강렬한 인물과 마주하게 되며 자기 내면의 억눌린 욕망과 정면으로 부딪히게 된다.

겁재 + 식신

즉흥성과 실용성이 충돌한다. 하나는 지금 당장의 본능을 따르고, 하나는 계획된 삶과 루틴을 원한다. 욕망과 현실, 자유와 안정 사이의 줄다리기가 계속되며 자칫하면 혼란과 무기력 사이를 오간다. 그러나 둘이 균형을 잡으면 창조성과 실행력이 동시에 살아난다.

이 조합이 운에서 들어오면, 삶의 리듬을 흔드는 인물을 통해 현실과 욕망 사이의 균형을 다시 세워야 할 일이 생긴다.

겁재 + 상관

본능과 표현이 겹칠 때, 감정은 필터 없이 드러난다. 직설적이고 공격적이며, 때로는 충동적인 말과 행동으로 자신과 타인 모두에게 상처를 줄 수 있다. 관계를 흔들고 자극하는 힘이 강하지만, 예술성과 창조성도 함께 존재한다. 자기 억제가 약한 만큼 표현의 순도가 높다.

이 조합이 운에서 들어오면, 말과 감정이 날카로운 방식으로 폭발하는 관계가 나타날 수 있다.

겁재 + 정재

정재는 질서와 계획을 지향하고, 겁재는 혼란과 돌파를 선택한다. 내 안에서 안정과 탈주의 힘이 충돌하며 가진 것을 지키고 싶으면서도 뒤엎고 싶은 욕망이 동시에 작동한다. 현실적 선택 앞에서 불안을 느끼고, 결국 스스로의 균형감을 찾아야 하는 구조다.

이 조합이 운에서 들어오면, 책임을 흔드는 유혹이나 정해진 틀을 깨고 싶은 강한 충동이 나타난다.

겁재 + 편재

둘 다 자유롭고 욕망이 강하다. 즉흥성과 외향성, 다소 무책임한 에너지가 겹치며 에너지 과잉과 감정적 분산이 일어나기 쉽다. 인간관계나 재물 문제에서 탈선의 위험도 존재하지만, 흥과 매력, 추진력은 매우 강력하다. 함께일수록 위험하고, 또 매혹적인 조합.

이 조합이 운에서 들어오면, 도무지 통제할 수 없는 사람이나 상황을 통해 자기 감정의 한계를 경험하게 된다.

겁재 + 정관

정관은 규범을 따르려 하고, 겁재는 규범에서 탈주하려 한다. 이 조합은 내 안의 순응과 반항이 동시에 작동하는 구조다. 정관의 억제력이 겁재의 충동을 다스릴 수 있다면 단단한 실천력으로 전환되지만, 균형을 잃으면 타인을 억압하거나, 반대로 폭발하게 된다.

이 조합이 운에서 들어오면, 권위와의 갈등, 혹은 내가 지켜야 할 질서와 맞서는 유혹이 함께 찾아온다.

겁재 + 편관

둘 다 강하게 작동할 경우, 내 안에서 통제하려는 힘과 깨뜨리려는 힘이 끊임없이 대립한다. 표면적으로는 타인을 견제하거나, 타인에게 견제당하며 긴장감 속에서 나 자신을 더 강하게 단련시키게 된다. 불편하지만 자극적이며, 실행력과 추진력을 동시에 강화할 수 있는 조합이다.

이 조합이 운에서 들어오면, 불편하지만 치명적인 관계를 통해 나의 힘의 구조를 재정립할 기회가 생긴다.

겁재 + 정인

정인은 감정을 품고 이해하려 하고, 겁재는 감정을 툭 던지고 지나간다. 이 두 기운이 겹치면 정서적 충돌과 의존, 외면과 위로가 반복된다. 내면의 상처가 쉽게 드러나고, 누군가의 진심을 오해하거나 놓치기 쉬운 조합이다. 하지만 감정에 솔직해질수록 치유가 빠르다.

이 조합이 운에서 들어오면, 감정의 결핍과 위로를 동시에 건드리는 사람을 통해 정서적 진실을 마주하게 된다.

겁재 + 편인

편인은 분석하고 숨고, 겁재는 충동적으로 반응하고 튀어나간다. 정반대의 기운이 함께 있을 때, 스스로도 자기 내면을 해석하기 어려울 수 있다. 하지만 이 조합은 때로 깊은 통찰과 거친 본능이 만나 강렬한 창조성으로 터질 수도 있다.

이 조합이 운에서 들어오면, 나를 낯설게 자극하는 인물을 통해 깊이 있되 불편한 성찰이 일어날 수 있다.

식신:
말보다 행동으로 마음을 표현하며,
편안함과 따뜻함을 주는 인연

질문자   선생님, 식신은 어떤 별인가요? 이름이 참 특이하네요.

화탁지   식신(食神)은 '먹을 식, 신(神)'이에요. 예전엔 말 그대로 '먹고 사는 것'과 연결됐죠. 그런데 현대적으로 해석하면, 내가 가진 것을 세상에 풀어내는 방식, 즉 표현과 창조의 기운이라고 볼 수 있어요.

질문자   그러니까 단순히 먹는 걸 좋아하는 별은 아니군요?

화탁지   맞아요. 물론 먹는 즐거움과 연결되기도 하지만, 핵심은 '생산하고 나누는 것'이에요. 내가 만든 것을 세상에 내놓고, 그걸로 누군가를 기쁘게 하는 별이죠.

질문자   듣고 보니 되게 따뜻한 별 같아요.

화탁지   맞아요. 식신은 기본적으로 '주는 기쁨'을 알아요. 내가 만든 요리를 누군가 맛있게 먹을 때, 내가 만든 글을 누군가 감동하며 읽을 때처럼, 내 표현이 누군가의 삶에 스며드는 순간을 좋아하죠.

질문자   그럼 이런 별을 가진 사람은 어떤 성향인가요?

화탁지   꾸준히, 성실하게 무언가를 만들어 내요. 말로만 하지 않고 행동으로 증명하는 타입이죠. 주변에서 '믿고 맡길 수 있다'는 말을 자주 듣습니다.

질문자   인연으로 식신을 만나면 어떤가요?

화탁지   편안하고 따뜻해요. 함께 있으면 '이 사람은 날 해치지 않겠다'는 안정감이 들어요. 상대방이 나를 위해 무언가를 만들어 주는 경험을 하게 될 때가 많아요.

질문자 예를 들어요?

화탁지 예를 들어, 친구가 시험 준비로 힘들어할 때 직접 만든 도시락을 챙겨 준다거나, 연인이 좋아하는 노래를 기타로 연습해 연주해 준다거나요. 말보다 행동으로 사랑을 표현하는 스타일입니다.

질문자 그럼 단점은 없나요?

화탁지 있습니다. 너무 '주는 것'에만 집중하다 보면, 스스로가 지치는 줄 모를 수 있어요. '나는 이렇게 해주는데 왜 돌아오지 않지?' 하고 서운해지기도 하죠.

질문자 듣다 보니, 주는 사람이 받는 것에도 익숙해져야겠네요.

화탁지 맞아요. 식신 인연과 건강하게 지내려면, 주는 것과 받는 것 사이에 균형이 필요합니다.

질문자 명리학에서 식신이 가진 의미를 조금 더 설명해 주실 수 있을까요?

화탁지 식신은 내 기운을 밖으로 흘려보내는 별이에요. 그래서 창작, 생산, 교육, 봉사 같은 활동과 잘 맞습니다. 또 현실적인 성취를 쌓는 데에도 유리해요. 하지만 속도가 느린 편이라, 급한 성향의 사람에겐 답답하게 느껴질 수 있습니다.

질문자 오히려 느린 게 장점일 때도 있지 않나요?

화탁지 그럼요. 식신은 '천천히 가지만 오래 가는' 힘이 있어요. 완성도가 중요한 분야에서 빛을 발하죠.

질문자 융 심리학과 연결하면 어떤가요?

화탁지　융의 개성화 과정에서 보면, 식신은 '창조적 자기 표현'에 해당합니다. 내 안에 있는 무의식을 의식의 세계로 꺼내서, 형태로 만드는 거죠. 그림, 음악, 글, 요리, 심지어 정원 가꾸기까지 포함됩니다.

질문자　그러면 식신을 발달시키면 자기 이해도 깊어지겠네요.

화탁지　맞아요. 내가 무엇을 만들고 싶어 하는지를 알게 되면, 그게 곧 내가 누구인지를 아는 길이 됩니다.

질문자　식신 인연을 만났을 때 주의할 점이 있을까요?

화탁지　그 사람의 '주는 방식'을 당연하게 여기지 않는 겁니다. 식신은 받는 반응에 민감해요. 고마움을 표현하면 더 풍성하게 주지만, 당연시하면 마음이 닫힐 수 있어요.

질문자　결국 표현이 중요하군요.

화탁지   네. 식신은 '보이지 않는 애정'이 아니라, '보이는 애정'을 주고받으며 자랍니다.

> ### ◈ 식신의 핵심
>
> 정의: 내 안의 것을 세상에 드러내고 나누는 기운. 창작·생산·표현의 별
> 인연: 말보다 행동으로 사랑을 표현, 함께 있으면 안정감을 줌
> 심리: 주는 데서 행복을 느끼지만, 균형이 깨지면 지침
> 장점: 꾸준함, 완성도, 타인에게 긍정적 영향
> 단점: 자기 소진, 돌아오지 않는 보답에 서운함

십성 조합

식신 + 비견

스스로의 감각을 믿고 무언가를 만들어 내려는 성향. 비견의 자율성과 식신의 창조성이 결합되면 자발적인 생산력과 꾸준한 실천력이 드러난다. 자기 표현에 있어서 타인보다 자기 기준을 우선시하며, 성과 중심의 자존감 형성이 특징이다.

이 조합이 운에서 들어오면, 혼자 힘으로 무언가를 만들어 낼 기회가 생기며, 그 결과가 자존감 회복으로 이어질 수 있다.

식신 + 겁재

표현하고 싶은 마음은 강하지만, 그 과정에서 누군가가 나의 것을 빼앗거나 가로채는 감각을 느끼기 쉽다. 내 것을 지키고 싶은 마음과, 그걸 드러내면 손해 볼 것 같은 두려움이 공존한다. 감정적으로 위축되거나, 과하게 방어적으로 반응할 수 있다.

이 조합이 운에서 들어오면, 표현과 결과를 둘러싼 경쟁 관계 속에서 자기 감정의 방향성을 조절해야 할 일이 생긴다.

식신 + 식신

표현 욕구와 창조 에너지가 자연스럽게 흐르는 조합이다. 감각과 본능, 실천과 반복이 유기적으로 이어져 무언가를 꾸준히 만들고 나누는 데에 거침이 없다. 과하게 흐르면 게으르거나 루틴에 갇힐 수 있으나, 균형을 잡으면 평화롭고 만족스러운 삶을 구축하는 힘이 된다.

이 조합이 운에서 들어오면, 안정적인 루틴과 일상의 즐거움이 강조되며, 지속 가능한 창작 활동이 가능해진다.

식신 + 상관

표현하고 싶은 욕망이 한층 더 강력해진다. 식신은 결과로, 상관은 말과 창조적 방식으로 욕망을 실현하고자 한다. 두 기운 모두 검열이 약하고 솔직하기 때문에 감정과 표현이 겹치는 예술가 기질로 흐르기 쉽다. 자칫하면 자기 통제가 어려워질 수 있으나, 잘 조화되면 정서적 공감과 창의성이 탁월한 사람이 된다.

이 조합이 운에서 들어오면, 강한 표현 욕구를 자극하는 사건이나 인물을 만나 내 감정을 새롭게 해석하고 풀어내게 된다.

식신 + 정재

정재는 질서를 만들고, 식신은 결과를 만든다. 이 조합은 꾸준히 일하고, 성실하게 성과를 내는 사람에게서 잘 보인다. 현실적이고 책임감 있으며, 주변의 기대에 맞춰 자기 능력을 효율적으로 발휘할 수 있다. 생활력과 실무 감각이 뛰어난 현실형 조합.

이 조합이 운에서 들어오면, 성과를 통해 인정받는 기회가 생기며, 금전적 안정감이나 조직 내 평가가 중요해진다.

식신 + 편재

식신의 꾸준함과 편재의 외향성이 함께 있으면 다방면에서 능력을 펼치고, 일에 재미를 느끼는 사람이 된다. 욕망이 분산되기 쉬운 대신, 한꺼번에 많은 일을 처리하고, 사람들과의 교류 속에서 활력을 얻는다. 자기 표현이 개인적 성과를 넘어, 사회적 기회로 확장된다.

이 조합이 운에서 들어오면, 사람을 통한 기회, 혹은 다양한 일감의 유입이 늘어난다.

식신 + 정관

정관은 구조를 세우고, 식신은 결과로 증명한다. 이 조합은 '성실한 일꾼' 혹은 '묵묵한 책임자'의 성향이다. 자기 표현은 적지만, 실제 성과로 평가받고자 하며, 공적인 규율과 개인의 리듬을 조화시키는 힘이 있다.

이 조합이 운에서 들어오면, 공적인 자리에서의 신뢰와 책임감이 커지며, 노력한 만큼 결과를 받게 되는 시기다.

식신 + 편관

결과로 자신을 증명하려는 욕망이 강해진다. 식신의 실천력과 편관의 단호함이 결합되면 강한 책임감과 자기 증명 욕구로 이어진다. 이 조합은 스스로를 압박하거나, 타인으로부터 통제를 경험할 수 있으나 성과 중심의 확실한 성장을 일으키기도 한다.

이 조합이 운에서 들어오면, 무거운 책임이나 과제를 통해 내 실력을 입증할 기회 또는 시험이 주어진다.

식신 + 정인

감정이 표현 속에 자연스럽게 배어 나오는 구조. 식신의 실천력에 정인의 감성이 더해지면 따뜻하고 정서적인 창작자로 나타난다. 예술, 교육, 돌봄, 글쓰기 등에서 잔잔한 공감과 안정적인 창작이 가능하다.

이 조합이 운에서 들어오면, 감정적으로 안정감을 주는 사람을 만나거나 감성을 살려 무언가를 표현하게 되는 일이 생긴다.

식신 + 편인

불안과 창조성이 교차하는 조합이다. 식신은 외부로 향하고, 편인은 내면을 파고든다. 불안하거나 혼자 있을수록 창의성이 오히려 증폭되며, 자기 안의 감각을 깊이 해석해 세상에 내보내는 능력이 강하다.

이 조합이 운에서 들어오면, 혼자 있는 시간이나 불확실한 관계를 통해 창작에 몰입하거나 새로운 해석이 가능해진다.

상관:
규칙을 깨고 자극을 주어,
새로운 시각을 열어 주는 인연

질문자 선생님, 상관이라는 건 이름부터 조금 무섭네요. '관'을 상하게 한다는 건가요?

화탁지 네, 원래 의미는 '관성(官星)'을 상하게 한다는 뜻이에요. 관성은 규칙, 질서, 권위 같은 걸 의미하죠. 그러니까 상관은 그 틀을 깨고, 질문하고, 반대하는 기운이에요.

질문자 뭔가 반항적인 별이네요?

화탁지 맞아요. 하지만 꼭 부정적인 건 아니에요. 상관은 틀을 깨서 새로운 길을 만드는 별이기도 합니다. 누군가는 불편해할 수 있지만, 누군가는 그 목소리에 공감하고 따라옵니다.

질문자 그럼 상관을 가진 사람은 어떤 성향이에요?

화탁지 상관은 자기 안의 생각을 밖으로 표현하고 싶어 하는 기운이에요. 어떤 사람은 그게 솔직하고 직설적인 언변으로 드러나고, 어떤 사람은 환경이나 성격 때문에 차마 말을 못 하고 속에서만 갈등을 겪기도 하죠. 그래서 겉으로는 조용해 보여도 마음속에는 늘 '표현하고 싶은 힘'이 꿈틀거리는 경우가 많습니다.

질문자 그래서 인간관계에서 호불호가 갈릴 수 있겠네요.

화탁지 맞아요. 상관은 사람들의 마음을 움직이기도 하지만, 동시에 경계심을 불러일으킬 수도 있습니다.

질문자 인연으로 상관을 만나면 어떤가요?

화탁지 꼭 재미있다고 단정할 수는 없어요. 상관 인연은 '표현의 방식이 독특하다'는 게 특징이죠. 어떤 사람은 재치와 유머로 나를 웃게 하지만, 또 어떤 사람은 불편한 진실을 콕 집어내서 나를 흔들기도 합니다. 중요한 건 그 사람이 늘 '다른 시각'을 보여 준다는 거예요. 그래서 지루하지는 않지만, 편안하기만 한 관계도 아닙니다.

질문자 그러면 즐거움과 도전이 동시에 오는 인연이겠네요.

화탁지 네, 하지만 그만큼 피로할 수도 있어요. 상관 인연은 '변화'를 전제로 합니다. 가만히 있는 걸 못 참거든요.

질문자 실제 사례가 있을까요?

화탁지 한 분은 아주 안정적인 직장을 다니고 있었어요.

그런데 상관 인연을 만나서, "당신이 진짜 원하는 게 이거예요?"라는 질문을 받았죠. 그 대화 하나로 회사를 그만두고, 전혀 다른 길로 갔습니다. 힘든 시기도 있었지만, 지금은 '그때 그 질문이 없었다면 평생 후회했을 것'이라고 해요.

질문자 상관이 그렇게 인생을 바꾸기도 하는군요.

화탁지 그렇죠. 하지만 반대로, 준비되지 않은 사람에겐 혼란만 남길 수도 있습니다.

질문자 명리학에서 상관은 어떻게 해석되나요?

화탁지 상관은 '관'을 상하게 한다는 이름처럼, 권위에 도전하는 별이에요. 그래서 창의적인 분야나 자기 표현이 중요한 영역에서 강점을 보입니다. 가수, 배우, 작가, 강연가처럼 목소리와 개성을 내세우는 직업과 잘 맞아요.

질문자 그럼 반대로 공무원처럼 규칙이 중요한 직업은 힘들겠네요.

화탁지 네, 어느 정도는요. 규칙을 따르기보다 개선하거나 바꾸고 싶어 하는 마음이 강하니까요. 하지만 사주 안에 또는 운에서 그 상관을 눌러 주는 기운이 강하게 들어오면 가능하기도 합니다. 사실 직업적인 측면은 십성보다는 오행의 영향을 더 받는 것 같습니다.

질문자 융 심리학에서 상관은 어떤가요?

화탁지 융은 '페르소나(Persona)'와 '자기(Self)'의 불일치를 이야기했죠. 상관은 가면을 벗고 진짜 자기 목소리를 내려는 힘과 닮았습니다. 억눌린 감정을 밖으로 꺼내고, 그 과정에서 나와 세상의 관계를 새롭게 만듭니다.

질문자 그럼 상관은 자기다움에 가까워지는 길인가요?

화탁지 맞아요. 다만 그 과정이 부드럽지 않을 수 있다는 게 특징이죠.

질문자 상관 인연을 만났을 때 주의할 점이 있나요?

화탁지 그 사람의 솔직함을 개인적인 공격으로만 받아들이지 않는 거예요. 상관은 진심으로 변화를 원해서 말하는 경우가 많습니다. 물론 말투가 직설적일 수 있지만, 그 안에 담긴 메시지를 들으면 관계가 훨씬 깊어집니다.

질문자 결국 받아들이는 그릇이 중요하군요.

화탁지 네. 상관은 단순한 반항아가 아니라, 세상을 다른 각도에서 보게 하는 안내자이기도 합니다.

> ◈ **상관의 핵심**
>
> 정의: 규칙과 권위에 도전하며, 새로운 길을 여는 기운
> 인연: 자극과 변화, 웃음과 불편함이 공존
> 심리: 가면을 벗고 진짜 목소리를 내려는 힘
> 장점: 창의성, 설득력, 개성 있는 자기 표현
> 단점: 직설로 인한 관계 마찰, 불필요한 논쟁

십성 조합

상관 + 비견

상관은 드러내고 싶고, 비견은 고집하고 싶다. 표현하고 싶고, 동시에 자기 방식으로 밀어붙이고 싶은 내면의 충돌. 주도권 다툼이 내면에서도 반복되며 내 말이 옳고, 내 방식이 맞다는 확신이 강해진다. 자존심과 표현 욕망이 부딪치며, 말로 모든 걸 해결하고 싶어지기도 한다.

이 조합이 운에서 들어오면, 주장을 굽히지 않는 사람을 만나거나 자기 목소리를 더 분명히 내야 하는 상황을 겪게 된다.

상관 + 겁재

자기 방식대로 말하고 행동하는 상관에 겁재의 본능과 경쟁심이 더해지면 즉각적인 반응, 충동적인 표현, 날카로운 말로 이어지기 쉽다. 감정의 필터가 약하고, 한번 격해지면 수위를 조절하기 어렵다. 하지만 그만큼 솔직하고 창의적인 감정 표현이 가능하다.

이 조합이 운에서 들어오면, 말과 감정이 충돌하는 인물과 얽히거나, 솔직한 감정 표출로 인해 관계에서 시험을 겪는다.

상관 + 식신

상관의 솔직함과 식신의 실용성이 만나는 조합이다. 창조적이고 감각적인 표현 욕구가 강해지며 무언가를 만들고, 보여 주고, 전하고 싶은 마음이 커진다. 두 기운 모두 자율적이고 자유롭기에 내 방식으로 창작하고 싶은 욕망이 가장 강하게 드러난다.

이 조합이 운에서 들어오면, 창의적 결과물을 만들어 낼 기회나, 자기 표현을 극대화할 수 있는 환경이 찾아온다.

상관 + 상관

이중 상관은 표현의 무제한 확장이다. 말, 글, 예술, 감정, 욕망이 필터 없이 드러난다. 검열이 약하고, 경계도 약해서 상처를 줄 수도, 받을 수도 있다. 예술적 감각은 뛰어나지만, 관계에서는 피로를 유발하기도 한다.

이 조합이 운에서 들어오면, 자극적인 사람, 솔직한 감정의 소유자와 얽혀 내 표현 방식의 한계나 영향력을 체감하게 된다.

상관 + 정재

상관은 자유롭고, 정재는 계획적이다. 상관이 말하고 싶은 대로 말하려 하면 정재는 현실의 책임과 결과를 묻는다. 표현과 자제 사이의 긴장감이 존재하며 내 안의 자유와 책임이 줄다리기하는 구조다.

이 조합이 운에서 들어오면, 내 말이나 행동이 실질적인 대가를 초래하는 시기가 될 수 있다.

상관 + 편재

두 기운 모두 에너지가 외향적이고 욕망이 강하다. 상관은 표현으로, 편재는 확장으로 나아간다. 욕망과 매력, 감정과 돈이 얽혀 사람과 일에 대한 감정 소비가 커지는 조합. 즉흥적 매력과 대인관계의 넓은 네트워크가 형성되지만 불안정한 흐름도 동반한다.

이 조합이 운에서 들어오면, 관계에서의 소비나 감정적 과잉을 주의해야 한다.

상관 + 정관

상관은 규칙을 깨고 싶어 하고, 정관은 그 규칙을 지키게 한다. 내 안에서 반항과 통제가 동시에 작동하는 구조로, 스스로를 규제하거나, 반대로 사회적 권위에 도전하는 태도가 나타난다. 지나치면 자기파괴, 조화되면 독창적인 리더십이 생긴다.

이 조합이 운에서 들어오면, 권위나 규범에 저항하거나, 스스로의 기준을 재정립해야 하는 기회가 주어진다.

상관 + 편관

정관보다 날카롭고 예측 불가한 에너지의 충돌. 상관은 말로 밀어붙이고, 편관은 직접적인 행동이나 통제로 반응한다. 내 안에서 표현과 통제가 부딪히며 극단적 양상으로 흐르기 쉽다. 표현이 곧 행동이 되고, 책임이 따르는 구조.

이 조합이 운에서 들어오면, 충동적인 결정, 돌발적 사건과 엮일 수 있는 상황이 생긴다.

상관 + 정인

정인은 감정을 품고 돌보려 하고, 상관은 감정을 밖으로 밀어내며 말로 표현한다. 이 둘이 함께 있을 때, 내 감정을 표현해야 할지, 안아 줘야 할지 혼란스러워진다. 타인을 위로하고 싶으면서도, 동시에 내 감정이 더 앞서 나가기도 한다.

이 조합이 운에서 들어오면, 감정적으로 복잡한 사람과 연결되어 나의 내면을 더 섬세하게 들여다보게 된다.

상관 + 편인

상관은 즉시 말하고, 편인은 깊이 생각하고 조용히 해석한다. 감성과 지성이 교차하는 구조로, 말의 무게, 표현의 진심, 통찰의 깊이가 중요한 사람이 된다. 섣불리 말하고 후회하거나, 말하지 못해 오해받는 경우도 많다.

이 조합이 운에서 들어오면, 나를 분석하거나, 말에 예민한 사람과의 관계를 통해 내 표현 방식을 다시 배우게 된다.

정재:
생활과 마음을 안정시켜, 신뢰를 쌓아 가는 인연

질문자 선생님, 정재는 이름만 들어도 '돈'이 생각나는데, 맞나요?

화탁지 네, 정재(正財)는 재물, 소유, 안정과 관련이 깊어요. 하지만 단순히 돈만 의미하는 건 아니에요. 내가 가진 자원을 효율적으로 관리하고, 현실적인 기반을 만드는 기운이죠.

질문자 그러면 정재가 강한 사람은 부자가 되나요?

화탁지 꼭 부자가 된다는 보장은 없어요. 다만 부를 안정적으로 지키고, 필요한 걸 꾸준히 축적하는 능력이 좋습니다. '꾸준함'과 '성실함'이 핵심이에요.

질문자   성실하다면 어떤 모습인가요?

화탁지   하루하루의 반복을 지루해하지 않고, 목표를 위해 시간을 쌓아 갑니다. 계획을 세우면 끝까지 지키려고 하죠.

질문자   듣기만 해도 믿음직하네요.

화탁지   네, 그래서 정재 인연과 함께 있으면 심리적으로 안정됩니다. '이 사람이 있으면 기본적인 건 걱정 안 해도 된다'는 확신을 주죠.

질문자   인연으로 정재를 만나면 어떤가요?

화탁지   생활 리듬이 안정됩니다. 정재 인연은 현실을 무시하지 않아요. 감정만으로 움직이지 않고, 구체적인 계획을 세워서 실천합니다.

질문자 반대로 단점도 있을까요?

화탁지 너무 현실적이어서, 변화나 모험을 꺼릴 수 있어요. '지금도 괜찮은데 왜 굳이?'라는 태도가 기회 자체를 놓치게 만들기도 합니다.

질문자 실제 사례가 있을까요?

화탁지 한 분이 있었는데, 예술가 기질이 강해 늘 불안정한 삶을 살았어요. 그런데 정재 인연을 만나서 생활 패턴이 완전히 바뀌었죠. 매달 저축을 하고, 장기 계획을 세우면서 작품 활동도 안정적으로 이어갔습니다. 그 관계가 끝난 후에도 그 습관은 남아있었어요.

질문자 결국 영향을 오래 남기는군요.

화탁지 네. 정재 인연은 '한 번 배운 안정'을 평생 자산으로 남기게 합니다.

질문자 명리학에서 정재는 어떤 의미로 보나요?

화탁지 정재는 내가 노력해서 얻은 정당한 소득, 그리고 그걸 유지하는 힘이에요. 편재가 '외부에서 갑자기 들어오는 돈'이라면, 정재는 '내가 일해서 버는 돈'에 가깝죠.

질문자 그러면 정재는 안정적인 직업과 잘 맞겠네요?

화탁지 맞아요. 꾸준히 성과가 쌓이는 구조를 선호합니다. 변동이 심한 환경에서는 스트레스를 받을 수 있어요.

질문자 융 심리학과 연결하면 어떤가요?

화탁지 융의 '자기(Self)' 개념에서 보면, 정재는 자기 안의

'현실 기능'을 담당합니다. 이상과 욕망을 구체적인 행동과 계획으로 연결해 주는 역할이에요.

질문자 그럼 정재가 부족한 사람은 어떻게 될까요?

화탁지 꿈만 크고 실행력이 떨어질 수 있습니다. 반대로 정재가 너무 강하면, 꿈보다 현실 유지에 집착하게 되죠.

질문자 정재 인연을 만났을 때 주의할 점이 있나요?

화탁지 그 사람의 현실성을 답답하게 느끼지 않는 겁니다. 정재는 변화를 막으려는 게 아니라, 안정 속에서 변화를 준비하려는 거예요.

질문자 결국 시각 차이군요.

화탁지 네. 정재 인연과는 '속도'에 대한 대화를 잘해야 관계가 오래갑니다.

◈ **정재의 핵심**

정의: 꾸준함과 성실함으로 자원을 지키고 키우는 기운
인연: 생활 리듬과 기반을 안정시킴
심리: 변화를 조심스럽게 받아들이고, 준비된 환경에서 실행
장점: 계획적, 책임감, 장기적 성과
단점: 과도한 안정 지향, 기회 상실 가능

십성 조합

정재 + 비견

정재는 책임과 구조를 중시하고, 비견은 자율성과 주체성을 우선시한다. 내 안에서 독립적으로 책임지는 사람이 되고 싶은 욕망이 강해진다. 타인의 기대에 부응하면서도, 나만의 방식으로 그 일을 해내고자 하는 추진력 있는 성향이다.

이 조합이 운에서 들어오면, 내 기준과 외부의 기대 사이에서 균형을 잡아야 할 일이 생긴다.

정재 + 겁재

정재는 안정된 틀을 만들고 싶어 하지만, 겁재는 그 틀을 자극하고 흔든다. 내가 쌓아 온 것들을 누군가 빼앗을 것 같은 경쟁 심리와 불안이 작동하며 한편으로는 그 자극을 통해 더 견고해지려는 욕망도 생긴다. 성과에 대한 집착과 불안한 소유욕이 동시에 나타난다.

이 조합이 운에서 들어오면, 내 자리를 위협하는 사람을 만나거나 경쟁을 통해 더 단단해지는 시기를 맞는다.

정재 + 식신

정재는 틀을 만들고, 식신은 그것을 완성해 나간다. 이 조합은 꾸준한 일꾼, 실무형 리더, 성실한 성취자로 나타난다. 기본에 충실하고, 루틴을 지키며, 성과를 통해 안정과 신뢰를 쌓는 데 탁월하다. 비즈니스 감각과 생활력도 강하다.

이 조합이 운에서 들어오면, 성실함과 결과가 연결되는 기회가 생기며, 노력한 만큼 인정받을 수 있는 시기다.

정재 + 상관

상관은 말하고 싶고, 정재는 유지하고 싶다. 내 안에서 표현 욕구와 책임감이 충돌하며 지켜야 할 질서와 깨고 싶은 욕망이 동시에 작동한다. 자칫하면 신뢰를 무너뜨리는 말과 행동으로 흐르기 쉬우나, 잘 조율하면 솔직하면서도 안정적인 매력을 갖춘 사람이 된다.

이 조합이 운에서 들어오면, 말이나 태도 하나로 평가가 달라질 수 있는 관계를 경험하게 된다.

정재 + 정재

현실 감각이 매우 강한 구조. 책임감 있고, 체계적이며, 재정 관리와 신뢰 형성에 탁월한 사람이다. 다만 지나치면 고지식하거나 융통성이 부족할 수 있다. 꾸준함과 현실적 성실성이 삶의 중심축이 된다.

이 조합이 운에서 들어오면, 안정성과 성실함이 인정받는 흐름이 들어오며, 장기적인 기반을 다질 기회가 생긴다.

정재 + 편재

정재는 구조를, 편재는 확장을 추구한다. 정재는 관리하고 싶어 하고, 편재는 펼치고 싶어 한다. 내 안에서 집중과 분산, 안정과 변화의 에너지가 동시에 작동한다. 잘만 쓰면 전략가

형 비즈니스 감각으로 이어질 수 있다.

이 조합이 운에서 들어오면, 새로운 기회를 안정적으로 붙잡을 수 있는 흐름이 온다.

정재 + 정관

둘 다 질서와 규범, 책임과 사회적 구조를 중시하는 에너지다. 내면이 안정적이고, 사회적 역할 수행에 능숙하며, 도덕성과 실무 감각을 겸비한 사람으로 드러난다. 다만 유연성이 떨어질 수 있다. 실질적인 신뢰를 쌓는 데 강한 장점을 지닌다.

이 조합이 운에서 들어오면, 조직, 계약, 책임 있는 관계에서 신뢰를 얻게 되는 시기다.

정재 + 편관

정재는 구조화하고, 편관은 돌파한다. 내 안에서 지켜야 할 틀과 넘어야 할 한계가 동시에 작동하며 규칙에 갇히기보다, 그 안에서 새로운 돌파구를 찾고 싶어 한다. 책임감은 있으나, 그 책임을 다르게 실현하고자 하는 성향이다.

이 조합이 운에서 들어오면, 기존 질서를 흔드는 인물이나 상황을 통해 나만의 방식으로 책임을 재정립하게 된다.

정재 + 정인

정재는 현실을, 정인은 감정을 돌본다. 정서적 안정감과 실질적 성과가 함께 작동하는 조합이다. 감정을 현실로 옮기려는 사람, 돌봄과 헌신을 결과로 연결시키려는 내면적 흐름이 있다. 조화가 잘 이뤄지면 따뜻하고 신뢰받는 사람이 된다.

이 조합이 운에서 들어오면, 정서적 안정과 현실적 책임이 맞물린 관계를 통해 삶의 균형을 회복하는 기회가 생긴다.

정재 + 편인

정재는 틀을 세우고, 편인은 해석하고 의심한다. 겉으로는 안정적이지만, 내면에서는 끊임없는 분석과 거리두기가 존재한다. 이 조합은 삶을 체계화하려는 욕구와 그 체계에 대한 불신이 함께 작동하는 구조다. 지나치면 회의감에 빠지지만, 조화를 이루면 현실과 통찰을 함께 가진 균형자가 된다.

이 조합이 운에서 들어오면, 현실을 다시 해석하게 만드는 사람이나 사건을 통해 자기 기준을 새롭게 정립하게 된다.

편재:
세상 밖으로 이끌어 주며,
활기와 확장을 주는 인연

질문자   선생님, 편재는 이름에서 벌써 '재물' 느낌이 나는데, 정재랑은 어떻게 달라요?

화탁지   정재가 '내가 노력해서 차근차근 쌓는 재물'이라면, 편재는 '외부에서 갑자기 들어오는 자원'이에요. 투자 수익, 한 번에 들어오는 계약금, 우연히 얻게 된 인맥처럼요.

질문자   그러면 운이 좋은 별인가요?

화탁지   운이 좋은 순간도 많지만, 그만큼 변동성이 큽니다.

들어오는 속도만큼 나가는 속도도 빠를 수 있어요.

질문자   성향은 어떤가요?

화탁지   편재가 강한 사람은 개방적이고 활동적이에요. 세상과 부딪히는 걸 두려워하지 않죠. 발이 넓고, 다양한 인맥을 통해 기회를 잡습니다.

질문자   듣기만 해도 에너지가 넘치네요.

화탁지   맞아요. 편재는 가만히 있으면 기운이 약해지고, 움직일수록 살아납니다.

질문자   인연으로 편재를 만나면 어떤가요?

화탁지   활기차고 자극적이에요. 편재 인연은 나를 새로운 세계로 이끌어요. "이런 것도 있어?" 하면서 시야를 확 넓혀 주죠.

질문자 그럼 단점은요?

화탁지 안정성이 부족할 수 있어요. 순간의 선택이나 충동에 따라 관계의 온도가 변하기도 합니다.

질문자 실제 사례가 있을까요?

화탁지 한 분이 있었는데, 평생 한 도시에서만 살았어요. 그런데 편재 인연을 만나서 여행을 다니기 시작했죠. 그 인연은 늘 새로운 제안을 했고, 덕분에 그분은 자기 세상이 훨씬 넓어졌어요. 하지만 결국 생활 리듬이 너무 달라 오래가지는 못했습니다.

질문자 새로운 세상을 보여 주지만, 속도를 맞추기가 어렵군요.

화탁지 네. 편재 인연과는 '변화의 폭'과 '속도'를 맞추는 게 중요합니다.

질문자 명리학에서 편재는 어떤 의미로 보나요?

화탁지 편재는 '여러 곳에 흩어져 있는 재물'입니다. 그래서 한 번에 많은 것을 잡을 수 있지만, 그만큼 관리가 어렵죠. 사업, 영업, 투자처럼 사람과 세상 속에서 부딪히는 환경에 강합니다.

질문자 그럼 집에만 있는 스타일은 아니겠네요.

화탁지 맞아요. 편재는 바깥세상과 연결되어 있을 때 빛이 납니다.

질문자 융 심리학과 연결하면요?

화탁지 융이 말한 '페르소나(Persona)'와 관련이 깊어요. 편재는 대외적인 얼굴, 사회적 관계망을 통해 자아를 확장합니다. 다양한 사람을 만나면서 자기 안의 새로운 면을 발견하죠.

질문자   그러면 편재가 약하면 대외 활동이 줄어들겠네요?

화탁지   네. 반대로 강하면 너무 외부에만 집중하다가 내면이 소홀해질 수 있어요.

질문자   편재 인연을 만났을 때 주의할 점이 있나요?

화탁지   그 사람의 즉흥성을 이해하는 겁니다. 편재는 계획보다 흐름과 기회를 중시해요. '왜 갑자기 이렇게 해?'라는 반응보다, '이런 기회가 있구나' 하고 열린 시선으로 보는 게 좋아요.

질문자   결국 적응력이 중요하군요.

화탁지   네. 편재 인연은 내 삶에 새로운 바람을 불어넣어 주는 존재니까요.

◆ 편재의 핵심

정의: 외부에서 들어오는 재물과 기회, 변동성이 큰 자원
인연: 활기와 확장을 주지만, 안정성은 부족할 수 있음
심리: 움직일수록 살아나는 기운, 새로운 가능성에 끌림
장점: 인맥·기회·활동력, 세상에 대한 개방성
단점: 과도한 변동, 충동적 선택

십성 조합

편재 + 비견

편재는 관계와 기회를 중시하고, 비견은 자율성과 주체성을 우선시한다. 내 안에서 사람들과 어울리며 유연하게 살아가고 싶지만, 동시에 주도권을 뺏기지 않으려는 긴장감이 존재한다. 욕망과 경쟁이 함께 작용하며, 관계 안에서 나를 지키는 법을 배워야 하는 조합이다.

이 조합이 운에서 들어오면, 타인과의 갈등 속에서 나만의 자리를 지켜야 할 일이 생긴다.

편재 + 겁재

편재는 외부의 기회를 좇고, 겁재는 강한 에너지로 자원을 분산시킨다. 관계에서 무리하게 베풀거나, 내 몫이 사라지는 불균형을 경험할 수 있다. 주는 만큼 돌아오지 않더라도 그 상황을 통제하려는 욕망이 커지는 성향이다.

이 조합이 운에서 들어오면, 손실을 막기 위해 경계와 거리두기를 배워야 한다.

편재 + 식신

편재는 외향적인 활동과 인연을 중시하고, 식신은 꾸준한 노력과 창의적 생산을 중시한다. 내 안에서 능력을 통해 타인과 연결되고 싶은 욕망이 강해진다. 자신의 결과물이 누군가에게 도움이 될 때 큰 보람을 느끼며, 일과 인간관계 모두에서 성과를 추구하는 성향이다.

이 조합이 운에서 들어오면, 능력 발휘를 통해 새로운 기회를 얻는 일이 생긴다.

편재 + 상관

편재는 유연한 인간관계를 만들고자 하고, 상관은 통제받지 않는 자유로운 표현을 중시한다. 내 안에서 욕망이 격해지고, 하고 싶은 말과 하고 싶은 일이 많아지는 시기다. 즉흥성과 직관이 강해지는 조합으로, 실속보다 표현과 경험을 우선시하는 경향이 있다.

이 조합이 운에서 들어오면, 표현의 자유가 관계의 갈등으로 이어질 수 있다.

편재 + 정재

편재는 유연성과 확장을 추구하고, 정재는 구조와 안정적인 축적을 중시한다. 내 안에서 현실적인 목표를 향한 집중력이 강해진다. 폭넓은 인간관계 속에서도 신뢰할 수 있는 틀을 만들어 가려는 태도가 돋보인다.

이 조합이 운에서 들어오면, 물질적 성과와 안정 사이의 균형을 잡아야 할 일이 생긴다.

편재 + 편재

편재는 인간관계와 재물, 기회를 상징하고, 또 다른 편재는 그것을 더욱 확장시킨다. 내 안에서 자극을 좇는 욕망이 커지고, 다양한 인연과 기회를 경험하고자 하는 갈망이 커진다.

집중력은 약하지만, 세상을 향해 열려 있는 감각이 강한 조합이다.

이 조합이 운에서 들어오면, 많은 기회 속에서 진짜 중요한 것을 놓치지 않아야 한다.

편재 + 정관

편재는 유연한 흐름과 관계를 선호하고, 정관은 규범과 원칙을 중시한다. 내 안에서 자유롭고 싶지만, 도덕과 책임감이 발목을 잡는 느낌이 들 수 있다. 욕망과 원칙이 충돌할 때 균형을 잡는 힘이 중요한 조합이다.

이 조합이 운에서 들어오면, 자유로운 선택이 외부 기준과 충돌할 일이 생긴다.

편재 + 편관

편재는 상황을 읽고 유연하게 대처하며, 편관은 돌발적인 개입이나 갈등을 만들어 낸다. 내 안에서 예측 불가능한 일이 벌어질 수 있다는 불안감, 혹은 그것조차 받아들이고 흐름을 타고 싶은 마음이 함께 존재한다. 자유로운 선택을 하려 해도, 강제성 있는 사건이 자꾸 개입하는 조합이다.

이 조합이 운에서 들어오면, 원치 않는 갈등이나 도전 앞에서 태도를 시험받게 된다.

편재 + 정인

편재는 외부와의 교류를 통해 의미를 찾고, 정인은 내면의 감정과 안정된 연결을 중시한다. 내 안에서 감정을 숨기며 타인에게 맞추는 습성이 강해질 수 있다. 겉으로는 잘 어울리지만, 내면은 피로하거나 정서적으로 소외감을 느낄 수 있다.

이 조합이 운에서 들어오면, 겉과 속이 다른 관계에서 진짜 감정을 점검해야 할 일이 생긴다.

편재 + 편인

편재는 구체적인 실리와 인간관계를 중시하고, 편인은 비물질적인 가치와 직관을 따른다. 내 안에서 현실과 비현실 사이를 오가는 혼란이 커질 수 있다. 재능과 직관은 풍부하지만, 실질적인 결과를 만들기 위해선 의식적인 정리가 필요하다.

이 조합이 운에서 들어오면, 직관과 감정에 따라 움직이다 현실적 손실을 겪을 수 있다.

정관:
든든하게 지켜 주지만,
때로는 간섭처럼 느껴질 수 있는 인연

질문자 선생님, 정관은 이름만 들어도 딱딱한 이미지가 떠오르네요.

화탁지 네, 정관(正官)은 원래 '바른 벼슬'이라는 뜻이에요. 권위, 원칙, 규칙, 책임감과 연결됩니다.

질문자 그러면 정관이 강한 사람은 엄격한 편인가요?

화탁지 엄격할 수도 있지만, 본질은 '신뢰'를 주는 거예요. 규칙을 지키고 약속을 어기지 않는 사람, 맡은 일을 끝까지 해내는 사람입니다.

질문자 듣기만 해도 믿음직하네요.

화탁지 맞아요. 정관이 강한 사람은 주변에 안정감을 줍니다. 회사에서 상사로, 가정에서 부모로, 팀 안에서는 중심축 역할을 합니다.

질문자 그런데 너무 규칙만 따지면 답답하지 않나요?

화탁지 그럴 수 있어요. 그래서 정관이 너무 강하면 융통성이 떨어지고, 변화를 받아들이기 어려워집니다.

질문자 인연으로 정관을 만나면 어떤가요?

화탁지 든든해요. 정관 인연은 나를 보호하고, 내가 무너질 때 곁을 지켜 줍니다. 하지만 때로는 간섭처럼 느껴질 수도 있습니다. '너를 위해서 하는 말이야'라는 대사가 잦죠.

질문자 그게 잔소리처럼 들릴 수 있겠네요.

화탁지 네. 그래서 정관 인연과는 경계가 중요해요. 존중과 간섭은 한 끗 차이니까요.

질문자 실제 사례가 있을까요?

화탁지 한 분이 있었는데, 자유분방하게 살던 시절에 정관 인연을 만났어요. 처음엔 제약처럼 느껴졌지만, 그 사람 덕분에 건강, 재정, 인간관계가 전부 안정됐습니다. 나중에 "그 시절 나를 지켜 준 건 그 사람이었다"고 하더군요.

질문자 결국 시간이 지나야 그 가치를 아는군요.

화탁지 맞아요. 정관의 안정은 즉시 즐겁지 않을 수 있지만, 시간이 지나면 그 의미가 깊게 다가옵니다.

질문자 명리학에서 정관은 어떻게 해석되나요?

화탁지 정관은 사회적 규범과 질서, 공적인 역할을 상징합니다. 관직, 법, 제도와 잘 맞아요. 직장에서 안정적으로 오래 버티는 힘이 강합니다.

질문자 그럼 자유로운 직업과는 안 맞나요?

화탁지 완전히 안 맞는 건 아니지만, 규칙이 없는 환경에서는 힘을 발휘하기 어렵습니다. 일정한 구조와 목표가 있을 때 능력이 극대화됩니다.

질문자 융 심리학에서 정관은 어떤가요?

화탁지 융이 말한 '초자아(Superego)'와 비슷한 면이 있어요. 내면의 도덕적 기준, 사회적 양심을 지키게 하는 힘이죠. 하지만 이게 너무 강하면 자기 검열이 심해져서 창의성이 위축될 수 있습니다.

질문자 그럼 균형이 핵심이네요.

화탁지 네. 정관은 원칙과 융통성을 함께 가져갈 때 가장 건강하게 작동합니다.

질문자   정관 인연을 만났을 때 주의할 점이 있나요?

화탁지   그 사람의 조언을 무조건 제약으로만 보지 않는 겁니다. 정관은 기본적으로 '지켜 주고 싶다'는 마음에서 움직입니다. 다만 서로의 영역을 존중해야 오래갑니다.

질문자   결국 신뢰를 기반으로 한 경계군요.

화탁지   맞아요. 정관 인연은 신뢰와 존중이 양쪽 다 있어

◈ 정관의 핵심

정의: 원칙과 책임, 사회적 신뢰를 상징하는 기운
인연: 든든한 보호자, 하지만 간섭으로 변할 수 있음
심리: 안정과 질서를 중시, 변화에는 신중
장점: 책임감, 신뢰성, 장기적 안정
단점: 융통성 부족, 과도한 자기 검열

야 합니다.

십성 조합

정관 + 비견

정관은 원칙과 책임을 중시하고, 비견은 자존감과 주체성을 지킨다. 이 조합이 만나면, 남이 세운 규칙만 따르지 않고 나만의 기준을 굳건히 세우는 힘이 생긴다. 권위와 대등하게 서면서도 스스로의 품격을 유지하려는 태도가 강해진다.

이 조합이 운에서 들어오면, 공적인 자리나 중요한 관계에서 '나의 기준'을 지키며 설득해야 할 상황이 생긴다.

정관 + 겁재

정관은 질서와 책임을 지키고, 겁재는 경쟁과 도전을 불러온다. 이 조합은 원칙을 지키면서도 주도권을 놓치지 않으려는 치열한 긴장감을 만든다. 상대의 영역을 인정하면서도 내 위치를 굳건히 하려는 에너지가 강해진다.

운에서 들어오면, 권위 있는 자리에서 경쟁하거나 리더십을 시험받는 일이 생기며, 한순간의 선택이 신뢰를 좌우할 수 있다.

정관 + 식신

정관은 규율과 신뢰를 중시하고, 식신은 꾸준한 생산과 표현을 즐긴다. 이 조합이 만나면, 성실한 노력을 바탕으로 결과를 내는 안정적인 에너지가 형성된다. 책임감 있게 장기 프로젝트를 완수하거나, 시간과 정성을 들여 인정받는 결과물을 만들어 낸다.

운에서 들어오면, 오랜 준비 끝에 사회적 인정을 받을 기회가 찾아오고, 그 성과가 오래 지속된다.

정관 + 상관

정관은 질서를 지키고, 상관은 규칙을 깨며 새로운 변화를 만든다. 이 조합은 전통과 개혁이 부딪히는 장면을 만든다. 안정을 유지하면서도 필요할 땐 과감하게 변화를 시도하는 용기가 커진다.

운에서 들어오면, 제도나 권위와 부딪히면서도 변화를 이끌어야 하는 역할을 맡게 되고, 그 결과가 사회에 영향을 미칠 수 있다.

정관 + 정재

정관은 원칙을 세우고, 정재는 안정적인 축적을 추구한다. 이 조합이 만나면, 질서와 재정적 기반을 모두 안정시키려는 의지가 강화된다. 성실한 관리와 계획이 결합되어, 장기적인 목표를 실현할 가능성이 높아진다.

운에서 들어오면, 재정·사업·직장에서 장기적인 안정 계획을 세우고 실행하게 된다.

정관 + 정관

정관은 원칙과 책임을 중시하고, 또 다른 정관은 질서와 신뢰를 한층 더 강화한다. 이 조합이 만나면 내부 기준이 매우 견고해져 공·사 구분이 명확하고, 규칙과 절차를 세밀하게 정비하며 '신뢰받는 사람'으로 자리매김하려는 경향이 강해진다.

다만 융통성이 떨어지거나 자기검열·도덕적 완벽주의로 경직될 수 있어, 보호가 간섭으로 비치지 않도록 공감과 유연성을 의식적으로 훈련할 필요가 있다.

운에서 들어오면, 승진·임명·감사·평가처럼 공적 책임이 커지거나 제도권 역할이 확대되며, 준수와 적응의 균형을 잡아야 성과와 평판을 동시에 지킬 수 있다.

정관 + 편재

정관은 질서를 지키고, 편재는 외부 기회와 변화를 받아들인다. 이 조합은 사회적 지위와 인맥·자원을 폭넓게 활용하는 힘을 준다. 원칙을 지키면서도 새로운 기회를 과감하게 받아들일 수 있는 유연성이 생긴다.

운에서 들어오면, 사회적 명성을 기반으로 외부 자원을 끌어올 기회가 생기며, 그로 인해 활동 반경이 크게 넓어진다.

정관 + 편관

정관은 규칙을 세우고, 편관은 강한 도전과 압박을 준다. 이 조합이 만나면, 질서를 유지하면서도 강력한 추진력을 발휘하는 에너지가 형성된다. 냉정함과 결단력이 결합되어 위기 상황에서 지도력을 발휘할 수 있다.

운에서 들어오면, 제도권 안에서 강력한 목표를 추진하거나 치열한 경쟁을 이겨 내야 하는 상황이 찾아온다.

정관 + 정인

정관은 원칙을 세우고, 정인은 지식과 안정적인 지원을 제공한다. 이 조합은 지식·교육·행정적인 안정감이 강화되고, 공적인 신뢰를 구축하는 힘이 커진다. 배움과 경험이 결합되어 장기적으로 사람들의 신뢰를 얻을 수 있다.

운에서 들어오면, 학문적·행정적 성취나 자격증 취득 등으로 사회적 지위를 높이는 기회가 생긴다.

정관 + 편인

정관은 질서를 중시하고, 편인은 독창성과 새로운 시각을 더한다. 이 조합은 기존 규칙 안에서 창의적인 변화를 시도하는 힘을 준다. 안정된 구조를 무너뜨리지 않으면서, 변화를 자연스럽게 녹여 내는 능력이 발휘된다.

운에서 들어오면, 제도 안에서 새로운 방식을 도입하거나 변화를 제안하는 중요한 기회를 잡게 된다.

편관:
안전지대 밖으로 밀어내어,
성장과 단련을 이끄는 인연

질문자 선생님, 편관은 왜 '살(殺)'이라는 별명도 있나요?

화탁지 편관(偏官)은 원래 '칠살(七殺)'이라고 불리기도 했어요. 이름만 들으면 무섭지만, 본질은 '강한 압박과 도전'이에요. 나를 시험하고 단련시키는 힘이죠.

질문자 그럼 편관이 강하면 위험한 건가요?

화탁지 위험하기보다 강도가 높아요. 마치 운동할 때 근육을 찢고 단련시키는 것처럼, 편관은 나를 편하게 두지 않습니다.

질문자 성향은 어떤가요?

화탁지 편관이 강한 사람은 추진력이 강하고, 모험심이 있습니다. 위기 상황에서 기지가 발휘되고, 한번 마음먹으면 끝까지 밀어붙입니다. 다만 성격이 직선적이라 부드럽지 않을 수 있어요.

질문자 그러면 주변에서 피곤해할 수도 있겠네요.

화탁지 네, 특히 조용하고 안정적인 걸 선호하는 사람에겐 부담스러울 수 있습니다.

질문자 인연으로 편관을 만나면 어떤가요?

화탁지 강한 자극과 변화가 찾아옵니다. 편관 인연은 '이 정도면 됐다'는 안주를 깨뜨려요. 나를 안전지대 밖으로 몰아내고, 더 큰 세상으로 내보내죠.

질문자 듣기엔 멋진데, 힘들 것 같기도 해요.

화탁지 맞아요. 편관 인연은 성장의 대가로 불편함을 줍니다. 관계가 순탄하지만은 않아요.

질문자 실제 사례가 있을까요?

화탁지 한 분은 늘 소극적이었어요. 그런데 편관 인연을 만나면서 사업에 도전하게 됐죠. 처음엔 그 사람의 밀어붙이는 태도가 부담스러웠지만, 결과적으로는 인생의 중요한 전환점이 됐습니다.

질문자 결국 편관이 없었으면 못 했을 일이네요.

화탁지 그렇죠. 편관은 나를 강하게 만드는 트레이너 같은 존재입니다.

질문자 명리학에서 편관은 어떻게 해석되나요?

화탁지 편관은 예측 불가능한 사건, 경쟁, 위험 감수와 관련이 있습니다. 관성(官星) 중에서도 변화와 압박이 강하죠. 그래서 군인, 경찰, 스포츠 선수처럼 강한 도전과 규율이 동시에 필요한 분야와 잘 맞습니다.

질문자 그럼 정관보다 훨씬 강렬하군요.

화탁지 네. 정관이 '지키는 힘'이라면, 편관은 '부수고 새로 만드는 힘'에 가깝습니다.

질문자 융 심리학과 연결하면 어떤가요?

화탁지 융이 말한 '그림자(Shadow)'와 닿아 있습니다. 내가 회피하던 문제나 두려움과 마주하게 만들죠. 그 과정에서 자기 인식이 깊어지고, 잠재력이 깨어납니다.

질문자 듣기만 해도 불편한 과정이네요.

화탁지 네, 하지만 불편함을 통과해야 진짜 변화가 옵니다. 편관은 그 문을 열어 주는 역할을 해요.

질문자 편관 인연을 만났을 때 주의할 점이 있나요?

화탁지 그 사람의 압박을 무조건 거부하지 않는 겁니다. 불필요한 통제와 건강한 도전을 구분해야 해요. 편관의 힘을 잘 쓰면, 단기간에 큰 성취를 이룰 수 있습니다.

질문자 결국 균형이네요.

화탁지 맞아요. 편관은 과하면 독, 적당하면 약이 됩니다.

◆ 편관의 핵심

정의: 압박과 도전을 통해 성장을 촉발하는 기운
인연: 안전지대 밖으로 이끌지만, 관계 강도가 높음
심리: 한계를 시험하며 잠재력을 끌어냄
장점: 추진력, 결단력, 위기 대처 능력
단점: 과도한 압박, 관계 갈등 유발

십성 조합

편관 + 비견

편관은 강한 도전과 압박을 주고, 비견은 자존감과 주체성을 지킨다. 이 조합이 만나면, 내 위치를 지키면서도 치열한 경쟁과 도전을 감수하려는 의지가 강해진다. 같은 목표를 향해 달리지만, 누가 주도권을 쥘지에 대한 긴장감이 관계 속에 늘 흐른다.

운에서 들어오면, 동등한 실력자와의 경쟁이나 협력을 통해 자신의 한계를 시험받는 시기가 된다.

편관 + 겁재

편관은 압박과 도전을 주고, 겁재는 영역을 뚫고 들어오는 경쟁자다. 이 조합은 강한 외부 자극과 치열한 대립을 동시에 경험하게 만든다. 서로를 시험하며 단기간에 성과를 내야 하는 상황이 잦아진다.

운에서 들어오면, 라이벌과의 직접적인 승부나 예상치 못한 경쟁에 맞서야 하며, 승부욕이 평소보다 강해진다.

편관 + 식신

편관은 결과를 강하게 요구하고, 식신은 꾸준함과 실천력을 중시한다. 이 조합이 만나면, 실질적인 성과를 만들기 위해 모든 자원을 집중하는 힘이 커진다. 단기 성과와 장기 성실성이 결합되어 결실의 질이 높아진다.

운에서 들어오면, 지금까지 쌓아 온 노력을 실제 결과로 증명해야 하는 시험대에 오른다.

편관 + 상관

편관은 강한 추진력과 압박을 주고, 상관은 기존 틀을 깨고 변화를 만든다. 이 조합은 강렬한 카리스마와 파격적인 실행력을 동시에 발휘하게 한다. 대담한 발언과 결단으로 주변을 움직이지만, 마찰도 그만큼 많아질 수 있다.

운에서 들어오면, 기존 체계를 흔드는 개혁적 행동이나 강한 주장을 해야 하는 상황이 생긴다.

편관 + 정재

편관은 도전과 승부를, 정재는 안정적 축적과 질서를 중시한다. 이 조합은 안정된 기반을 지키면서도 과감한 확장을 시도하는 힘을 만든다. 위험을 감수하더라도 재정적 목표를 달성하려는 의지가 강해진다.

운에서 들어오면, 재정과 관련된 중요한 도전이 찾아오며, 안정과 공격적 성향을 균형 있게 조율해야 한다.

편관 + 편재

편관은 강한 추진력을, 편재는 외부 기회와 확장을 가져온다. 이 조합이 만나면, 외부 자원을 활용해 단기간에 큰 성취를 이루려는 속도가 붙는다. 대담한 시도와 빠른 판단으로 기회를 잡지만, 위험부담도 크다.

운에서 들어오면, 과감한 투자·사업 확장·영역 확대로 인해 성패가 뚜렷이 갈리는 시기가 된다.

편관 + 정관

편관은 변화를 밀어붙이고, 정관은 질서와 안정성을 지킨다. 이 조합은 규칙 안에서 강한 추진력을 발휘하려는 힘이 생긴다. 제도권 안에서의 개혁이나 안정 속의 확장이 가능하다.

운에서 들어오면, 규칙과 변화를 동시에 요구받으며, 두 힘의 균형이 관건이 된다.

편관 + 편관

편관은 강한 도전과 압박을 주고, 또 다른 편관은 그 강도를 배가시킨다. 이 조합이 만나면 경쟁심과 추진력이 극대화되어, 목표를 향해 거침없이 나아가고 한계를 시험하려는 욕구가 강해진다. 짧은 시간 안에 성과를 내는 데는 유리하지만, 과도한 긴장과 압박으로 스스로를 몰아붙이거나 주변과의 마찰이 심해질 수 있다.

운에서 들어오면, 치열한 경쟁·중대한 프로젝트·강한 리더십 발휘 등 승부가 분명히 갈리는 국면에 서게 되며, 힘 조절이 성패를 좌우한다.

편관 + 정인

편관은 도전과 실행을, 정인은 지식과 안정적인 지원을 준다. 이 조합은 지식과 경험을 바탕으로 실전에 강하게 대응하는 힘을 만든다. 위험 상황에서도 차분한 판단이 가능해진다.

운에서 들어오면, 배운 것과 경험을 총동원해 위기 상황을 돌파하는 기회를 얻게 된다.

편관 + 편인

편관은 강한 도전 정신을, 편인은 독창성과 새로운 시각을 더한다. 이 조합은 파격적인 아이디어를 과감하게 실행에 옮기는 힘을 준다. 기존에 없던 방식으로 문제를 해결하거나 새로운 시장을 개척하게 된다.

운에서 들어오면, 혁신적인 시도와 모험적 도전이 동시에 찾아오며, 성과도 크지만 위험도 따른다.

정인:
지지와 보호로 회복을 돕는, 따뜻한 버팀목 같은 인연

질문자 선생님, 정인은 이름에서 뭔가 착하고 온화한 이미지가 느껴지네요.

화탁지 네, 정인(正印)은 보호, 배움, 지원, 안정과 연결돼요. 인성(印星) 중에서도 가장 '양육적'이고 '지지하는' 성향이 강하죠.

질문자 그러면 정인이 강한 사람은 어떤 모습인가요?

화탁지 믿음직하고 포용력이 있습니다. 다른 사람을 돕는 걸 자연스럽게 하고, 지식이나 경험을 나누길 좋아해요. 그래서 주변에 '좋은 사람'이라는 인상을 많이 줍니다.

질문자 인연으로 정인을 만나면 어떤가요?

화탁지 따뜻하고 안정적입니다. 힘든 순간에 정인 인연은 곁을 지키고, 조언과 도움을 줍니다. 단순히 물질적인 지원만이 아니라, 정서적 지지를 해주는 경우가 많아요.

질문자 듣기만 해도 든든하네요.

화탁지 맞아요. 하지만 너무 의존하면, 스스로 설 자리를 잃을 수 있습니다. 정인 인연은 '기댈 수 있는 나무'지만, 내 뿌리를 대신 내줄 순 없어요.

질문자 실제 사례가 있을까요?

화탁지 한 분이 직장에서 큰 실수를 했어요. 주변에서는 비난이 쏟아졌지만, 정인 인연이 조용히 커피를 사주며 "괜찮아요, 다시 하면 돼요"라고 말해 줬죠. 그 한마디가 그분을 버티게 만들었답니다.

질문자 확실히 마음을 살리는 힘이 있네요.

화탁지 네. 정인은 대놓고 드라마틱한 변화보다, 조용히 회복하게 만드는 힘을 가집니다.

질문자 명리학에서 정인은 어떤 의미로 해석되나요?

화탁지 정인은 정통적인 배움과 안정, 보호를 상징합니다. 부모, 스승, 제도, 전통 같은 것과 관련이 있죠. 그래서 교육, 상담, 행정처럼 '도와주는 구조' 안에서 잘 작동합니다.

질문자 그럼 자유분방한 환경은 어려워하나요?

화탁지 네. 일정한 틀과 신뢰할 수 있는 기반이 있을 때 더 힘을 발휘합니다.

질문자 융 심리학과 연결하면요?

화탁지 융이 말한 '모성 원형(Maternal Archetype)'과 닮아 있습니다. 돌보고 지키는 힘, 그리고 무의식적으로 안전을 추구하는 심리를 나타내죠. 하지만 이것이 과하면 변화에 소극적이 되고, 익숙한 것에만 머물게 될 수 있습니다.

질문자 장점과 단점이 뚜렷하군요.

화탁지 맞아요. 보호가 필요할 때는 최고의 동반자지만, 변화가 필요한 시기에는 답답함을 줄 수도 있습니다.

질문자 정인 인연을 만났을 때 주의할 점이 있나요?

화탁지 고마움을 표현하는 겁니다. 정인은 '도와주는 게 당연한 사람'이 아니라, 마음을 쓰는 사람이에요.

그 마음을 알아주는 순간, 관계가 훨씬 깊어집니다.

질문자 결국 표현이 중요하네요.

화탁지 네. 정인 인연은 마음이 통할 때 가장 강한 힘을 발휘합니다.

> ◆ **정인의 핵심**
>
> 정의: 보호, 안정, 배움과 지원의 기운
> 인연: 정서적·현실적 지지를 주지만, 과도한 의존은 위험
> 심리: 안정과 신뢰를 중시, 익숙한 틀 안에서 힘 발휘
> 장점: 포용력, 신뢰성, 회복력
> 단점: 변화에 소극적, 답답함을 줄 수 있음

십성 조합

정인 + 비견

정인은 안정과 지지를 주고, 비견은 주체성과 동료 의식을

지킨다. 이 조합이 만나면, 서로의 가치관과 생활 방식을 존중하며 든든하게 지켜 주는 관계가 형성된다. 같은 목표를 향해 나아가면서도 서로의 성장을 응원하는 분위기가 강하다.

운에서 들어오면, 가치관이 비슷한 동료나 친구와의 협력 관계가 강화되고, 함께 장기적인 성취를 이루는 기회를 얻는다.

정인 + 겁재

정인은 안정과 배움을, 겁재는 경쟁과 도전을 불러온다. 이 조합은 서로의 부족한 면을 보완하면서도, 방법과 속도를 두고 의견 충돌이 생기기 쉽다. 지식과 경험을 공유하지만, 경쟁심이 얹혀져 긴장감이 흐른다.

운에서 들어오면, 배우고 도전하는 일이 동시에 일어나며, 협력과 경쟁을 모두 경험하게 된다.

정인 + 식신

정인은 안정과 지원을, 식신은 꾸준한 생산과 표현을 중시한다. 이 조합이 만나면, 정서적 안정이 창작 활동과 실천력으로 이어져 결실이 안정적으로 쌓인다. 내면의 여유가 결과물의 품질을 높인다.

운에서 들어오면, 평소 해오던 일에서 안정적인 성과를 내고, 그 과정에서 주변의 신뢰를 더욱 얻게 된다.

정인 + 상관

정인은 안정과 지식을, 상관은 틀을 깨는 변화를 추구한다. 이 조합은 안전한 기반 위에서 파격적인 시도를 가능하게 만든다. 새로운 아이디어가 안정적인 지원을 만나 실현 가능성이 높아진다.

운에서 들어오면, 기존 방식을 개선하거나 새로운 프로젝트를 안전하게 추진할 기회를 얻는다.

정인 + 정재

정인은 배움과 지원을, 정재는 안정적인 축적과 질서를 중시한다. 이 조합이 만나면, 지식과 현실 감각이 균형을 이루어 장기적인 성취를 이루기 쉽다. 안정 속에서 부를 축적하거나, 지식을 기반으로 한 재정 관리가 가능해진다.

운에서 들어오면, 교육·연구·행정 분야에서 재정적으로 안정된 성과를 거둘 수 있다.

정인 + 편재

정인은 안정과 지식을, 편재는 외부 기회와 확장을 가져온다. 이 조합은 넓은 인맥과 지식을 결합해 새로운 기회를 현실로 만드는 힘을 준다. 안정적인 기반 위에서 외부 활동을 활발히 전개할 수 있다.

운에서 들어오면, 인맥을 통한 사업 확장이나 새로운 프로젝트의 제안이 들어온다.

정인 + 정관

정인은 안정과 지식을, 정관은 원칙과 책임을 중시한다. 이 조합은 원칙을 지식으로 뒷받침하고, 제도 안에서 신뢰를 구축하는 힘을 발휘한다. 공적 신뢰와 전문성이 함께 강화된다.

운에서 들어오면, 학문적·행정적 성취로 인해 사회적 지위가 높아지거나 중요한 책임을 맡게 된다.

정인 + 편관

정인은 안정과 지식을, 편관은 강한 도전과 추진력을 준다. 이 조합은 무모해 보일 수 있는 도전을 안전하게 관리하며 성과를 만들어 낸다. 실전에 강한 학습 효과가 나타난다.

운에서 들어오면, 지식과 경험을 총동원해 위기나 경쟁 상황을 극복하는 기회를 얻는다.

정인 + 정인

정인은 안정과 지지를 주고, 또 다른 정인은 그 기반을 한층 더 두텁게 만든다. 이 조합이 만나면 보호와 배움, 신뢰가 중심이 되는 환경이 강화되어, 사람들과의 관계에서 따뜻함과 포용력이 크게 드러난다. 다만 안정과 익숙함에 지나치게 머물러 변화를 주저하거나, 의존적인 분위기가 형성될 위험이 있다.

운에서 들어오면, 든든한 지원·교육·멘토링 기회가 늘어나지만, 성장을 위해 새로운 자극을 의도적으로 받아들이는 태도가 필요하다.

정인 + 편인

정인은 안정과 전통적인 배움을, 편인은 창의성과 새로운 시각을 더한다. 이 조합은 깊이 있는 지식과 독창적인 발상이 결합되어 새로운 분야를 개척하게 한다. 안정과 혁신이 균형을 이루는 드문 형태다.

운에서 들어오면, 기존 분야에 새로운 변화를 더하거나, 학문·연구에서 혁신적인 성과를 내게 된다.

편인:
익숙한 틀을 깨고,
낯선 길로 안내하는 인연

질문자 선생님, 편인은 이름이 좀 특별하네요. 어떤 뜻인가요?

화탁지 편인(偏印)은 '인성'의 한 종류인데, 정인이 안정과 전통을 지키는 힘이라면, 편인은 새로운 방식과 비정통적인 지식을 탐구하는 힘이에요. 창의성, 직관, 독창적인 사고와 관련이 깊죠.

질문자 그러면 좀 튀는 성향인가요?

화탁지 그렇죠. 편인은 익숙한 길보다 새로운 길에 끌립니다. 다른 사람들이 '왜 굳이?'라고 묻는 일을 자연스럽게 시도해요.

질문자 인연으로 편인을 만나면 어떤가요?

화탁지 나를 새로운 시각으로 이끌어 줍니다. 편인 인연은 기존의 생각 틀을 깨고, 다른 가능성을 보여 줘요. 가끔은 황당하게 들릴 수 있지만, 시간이 지나면 '그때 그 말이 나를 바꿨구나' 하고 느끼게 됩니다.

질문자 흥미롭지만, 피곤할 때도 있겠네요.

화탁지 네. 변화에 익숙하지 않은 사람에겐 편인의 자유로움이 불안하게 느껴질 수 있어요.

질문자 실제 사례가 있을까요?

화탁지 한 분은 평생 안정적인 회사만 다녔어요. 그런데 편인 인연을 만나서, 퇴근 후 그림을 배우기 시작했죠. "당신이 꼭 해봐야 한다"는 말이 계기가 됐고, 결국 그 취미가 제2의 직업이 됐습니다.

질문자 결국 새로운 가능성을 열어 주는군요.

화탁지 맞아요. 편인은 현실에 없는 그림을 보여 주는 사람입니다.

질문자 명리학에서 편인은 어떤 의미로 해석되나요?

화탁지 편인은 기존 틀에서 벗어난 학문, 기술, 철학과 연결됩니다. 예술, 심리학, 대안 의학, IT, 스타트업처럼 새롭고 실험적인 영역에서 힘을 발휘하죠.

질문자 그럼 안정적인 직업과는 좀 안 맞나요?

화탁지 맞아요. 반복과 규칙만 있는 환경에서는 금방 지루해집니다.

질문자 융 심리학과 연결하면요?

화탁지 융이 말한 '개성화 과정'에서, 편인은 '무의식 속 잠재력'을 깨우는 역할을 합니다. 특히 꿈, 상징, 직관을 중시하는 태도와 닮아 있어요.

질문자 그럼 편인을 만나면 내 안의 숨은 면을 발견하게 되겠네요.

화탁지 네. 다만 편인의 세계에 너무 빠지면 현실과의 접점이 약해질 수 있어요.

질문자 편인 인연을 만났을 때 주의할 점이 있나요?

화탁지 현실 기반을 잃지 않는 겁니다. 편인은 상상력과 영감을 주지만, 실행은 내가 해야 해요. 영감이 아무리 좋아도 현실과 연결되지 않으면 금세 사라집니다.

질문자   결국 균형이군요.

화탁지   맞아요. 편인은 나를 새로운 길로 이끌지만, 그 길 위를 걸어가는 건 나 자신입니다.

◈ 편인의 핵심

정의: 창의성, 직관, 비정통적 지식과 새로운 시도를 상징
인연: 새로운 시각과 가능성을 제시, 영감을 줌
심리: 낯선 길을 두려워하지 않고, 미지의 세계에 끌림
장점: 창의력, 독창성, 틀을 깨는 사고
단점: 현실과의 단절, 실행력 부족 가능

십성 조합

편인 + 비견

편인은 창의성과 비정통적 시각을, 비견은 주체성과 독립심을 지킨다. 이 조합이 만나면, 남과 다른 길을 가면서도 스스로의 기준과 자존감을 지키려는 힘이 강해진다. 관계에서

도 서로의 자유를 존중하며, 독립적인 협력 관계를 유지하려 한다.

운에서 들어오면, 나만의 방식으로 새로운 시도를 하되, 신뢰할 수 있는 동료와 함께 나아가는 기회를 얻는다.

편인 + 겁재

편인은 독창성과 직관을, 겁재는 경쟁과 자극을 준다. 이 조합은 참신한 아이디어를 두고 경쟁하거나, 서로의 생각을 빼앗기지 않으려는 긴장감을 만든다. 새로운 시도에 도전하는 과정에서 갈등과 자극이 반복된다.

운에서 들어오면, 아이디어 경쟁이나 창의적인 프로젝트에서 승부를 봐야 하는 상황이 생긴다.

편인 + 식신

편인은 창의적 발상과 직관을, 식신은 꾸준한 생산과 실행력을 중시한다. 이 조합이 만나면, 불안하거나 제약이 있을 때 오히려 창작력이 폭발한다. 감각적인 발상이 현실적인 결과물로 이어질 가능성이 크다.

운에서 들어오면, 제약 속에서 새로운 작품이나 결과물을 만들어 내는 기회가 온다.

편인 + 상관

편인은 자유로운 발상과 변화를, 상관은 틀을 깨는 강한 표현력을 지닌다. 이 조합은 기존 질서를 완전히 뒤집는 파격적인 시도를 가능하게 한다. 도전적인 아이디어가 강력한 실행력과 만나 세상을 놀라게 할 수 있다.

운에서 들어오면, 과감한 개혁이나 실험적 프로젝트를 추진할 기회가 생긴다.

편인 + 정재

편인은 직관과 독창성을, 정재는 안정과 축적을 중시한다. 이 조합은 창의적인 발상을 현실적인 구조 속에 안착시키려는 성향을 만든다. 새로운 아이디어를 상업적으로 실현할 가능성이 커진다.

운에서 들어오면, 창의성을 기반으로 한 사업이나 프로젝트를 안정적으로 운영할 기회를 얻는다.

편인 + 편재

편인은 창의성과 자유를, 편재는 외부 기회와 활동성을 준다. 이 조합은 새로운 아이디어를 외부 시장에 과감하게 적용하는 힘을 발휘한다. 다양한 사람과의 교류 속에서 독창적인 성과가 나타난다.

운에서 들어오면, 인맥과 기회를 활용해 창의적인 시도를 널리 알릴 기회를 잡는다.

편인 + 정관

편인은 창의적인 시각을, 정관은 원칙과 질서를 중시한다. 이 조합은 안정된 틀 안에서 창의적인 변화를 시도하는 힘을 만든다. 안정과 혁신이 균형을 이루어 제도권 안에서도 변화를 일으킬 수 있다.

운에서 들어오면, 제도나 규칙 안에서 혁신을 도입할 기회를 얻는다.

편인 + 편관

편인은 파격적 발상과 자유를, 편관은 강한 추진력과 도전을 준다. 이 조합은 과감한 아이디어를 빠르게 실행에 옮기는 에너지를 만든다. 위험을 감수하더라도 새로운 영역을 개척하는 경향이 강하다.

운에서 들어오면, 모험적인 도전과 창의적 시도가 동시에 진행되는 시기가 된다.

편인 + 정인

편인은 창의성과 새로운 시각을, 정인은 안정과 전통적 배움을 준다. 이 조합은 깊이 있는 지식과 독창적인 발상을 결합해 새로운 지식을 만들어 낸다. 안정적인 기반 위에 창의적인 해석이 더해져 학문적·예술적 성과가 나온다.

운에서 들어오면, 기존 지식을 재해석하거나 새로운 분야를 개척하는 기회를 얻는다.

편인 + 편인

편인은 창의성과 비정통적 시각을 주고, 또 다른 편인은 그 독창성과 직관을 더욱 심화시킨다. 이 조합이 만나면 기존 틀에서 완전히 벗어난 사고방식이 강화되어, 새롭고 실험적인 시도를 거침없이 추진하게 된다. 하지만 현실과의 접점이 약해져 실행력이나 지속성이 떨어질 수 있고, 주변과의 공감대 형성이 어려워질 위험이 있다.

 운에서 들어오면, 창작·연구·개발 분야에서 독창적인 성과를 낼 기회가 커지지만, 현실성과 실행 계획을 함께 갖추는 것이 성패를 가른다.

4부

인연은
나를 만든다
― 반복되는 욕망과 구조의 서사

가족, 연인, 동료…
관계의 층위

인연은 하나의 선으로 그려지지 않는다. 누군가는 나를 낳았고, 누군가는 나를 사랑했고, 또 누군가는 나와 함께 일했다. 그 관계들은 모두 다른 높이, 다른 온도, 다른 거리를 가진다. 그리고 그 층위는 단순히 사회적 명칭이 아니라, 사주의 구조 안에서도 명확하게 구분된다.

우리는 왜 가족에게는 쉽게 화를 내고, 연인에게는 상처받기 쉬우며, 동료에게는 의외의 위로를 받는 걸까. 그건 관계가 맺는 위치와 작용의 방식이 다르기 때문이다. 명리학에서는 이를 '십성과 육친'으로 설명한다.

그러나 나는 그것을 이렇게 이해하고 싶다.

"관계는, 내 영혼이 감정적으로 움직이는 거리의 패턴이다."

가족은 내 뿌리와 닮았고, 그래서 때론 나를 묶는다. 연인은 내 중심을 흔들고, 그래서 때론 나를 바꾼다. 동료는 나의 삶과 닿아 있고, 그래서 때론 나를 도와준다. 하지만 이 모든 관계는 고정된 게 아니라, 시기와 운에 따라 층위가 바뀌기도 한다.

이 장에서는 가족, 연인, 동료라는 구조 안에서 그 인연이 어떻게 작동하고, 명리학적으로는 어떤 상징과 역할을 가지는지 살펴본다.

사주는 결국 내가 누구에게 마음을 주고, 누구로부터 상처를 받고, 누구를 통해 성장하는지를 말해 주는 지도다. 그리고 그 지도는, 지금까지 만나 온 사람들의 얼굴을 통해 조금씩 해석되어 간다.

1. 가족

부모와 자식 - 그 말하지 못한 감정의 언어

부모는 나의 뿌리이고, 자식은 내가 남긴 흔적이다. 하지만 명리에서는 그 둘을 하나의 '관계'로 보기보단, '나를 구성하는 요소'로 본다. 부모는 나의 '인성'이다. 자식은 나의 '식상'이다. 그들은 나의 일부지만, 때로는 가장 멀게 느껴지는 존재이기도 하다.

부모와 자식의 관계는 늘 '사랑'이라는 이름 아래 숨는다. 하지만 그 사랑이 늘 따뜻하고 균형 잡힌 건 아니다. 어떤 사랑은 기대고 싶은 울타리였지만, 어떤 사랑은 벗어나야만 했던 굴레였다.

부모는 나에게 많은 것을 주었다. 시간, 물질, 보호, 이름, 교육, 그리고 말로 다 전해지지 않은 수많은 감정들. 그중엔 감당하기 힘든 것들도 있었다. 자신의 상처, 자신의 불안, 자신의 기대… 나는 그 모든 것을 '사랑'이라는 이름으로 받았다. 받을 수밖에 없었다.

자식은 나의 식상이다. 내가 밖으로 꺼내는 에너지이고, 내가 세상에 표현하는 '나의 분신'이다. 그래서 자식에게 나는 나도 모르게 많은 걸 투사한다. 미처 살지 못한 나의 삶, 지키고 싶었던 내 기준, 되풀이되었으면 하는 내 신념. 하지만 자식은 나와 다르다. 사주가 다르고, 기질이 다르고, 살아갈 길이 다르다. 나는 사랑했지만, 그 사랑이 그 아이에게는 '부담'

이 되었을 수도 있다.

부모와 자식은 가장 가까운 존재이면서, 서로가 가장 서운함을 숨기는 관계다. 내가 너를 사랑한다는 말을 차마 말하지 못해 "밥은 먹었니"로 대신하고, "공부 좀 해라"로 감정을 위탁한다.

사주는 이 말하지 못한 감정의 구조를 보여 준다. 인성 과다의 부모는 자식에게 '정답'을 주려 하고, 식상이 강한 자식은 그 정답이 숨 막혀 반항하게 된다. 반대로, 인성이 약한 부모는 자식에게 쉽게 죄책감을 느끼고, 식상이 약한 자식은 부모의 기대 앞에 자꾸 작아진다.

결국 이 관계는 서로가 자신 안에 있는 결핍을 상대에게서 채우려는 구조로 흘러가기 쉽다. 그러나 그 채움은 사랑이 아니라 오해로 시작된 감정일 수도 있다.

부모는 내가 받은 첫 인연이고, 자식은 내가 만든 첫 인연이다. 그 시작점과 끝자락에서 우리는 모두 한 사람의 삶 안에 얼마나 많은 감정이 겹쳐 있는지를 조용히 바라보게 된다.

융의 관점

1) 부모는 자아 형성의 최초 거울이다

융은 아이의 자아는 태어날 때부터 정립되어 있지 않다고 보았고, 부모의 반응을 통해 "나는 어떤 존재인가"를 받아들이게 된다고 했다. 부모의 말투, 눈빛, 손길이 모두 자아의 밑그림이 되는 최초의 재료가 된다고 보았다. 즉, 부모는 자식의 자아를 비추는 최초의 거울이라는 뜻이다.

2) 부모는 그림자의 씨앗이 되기도 한다

부모가 금기시하는 감정은 아이에게 그대로 전이된다. 예컨대 "남자는 울면 안 돼", "그런 말 하면 나쁜 아이야" 같은 말이 자신 안의 감정을 억압하게 만들고, 그 억눌린 감정은 무의식의 그림자가 된다. 그림자는 결국 성인이 되어 관계 속에서 불쑥 튀어나오게 된다. 즉, 그림자의 씨앗은 대부분 부모의 태도에서 시작된다.

3) 부모는 콤플렉스의 중심이 된다

융은 부모와의 관계에서 생긴 감정의 응어리를 콤플렉스

라고 불렀다. 사랑받지 못한 기억, 인정받지 못한 경험, 혹은 지나친 기대나 통제는 감정의 핵처럼 무의식에 남는다. 이 감정의 응어리는 평생 동안 대인관계에 영향을 미친다. 결국, 부모는 우리가 극복해야 할 심리적 중심축이 된다.

4) 부모와의 갈등은 개성화의 관문이다

융은 인간의 삶을 '개성화', 즉 자기다움의 확립 과정으로 보았다. 이 과정에서 부모는 넘어야 할 상징적 존재가 된다. 어떤 사람은 부모의 기대에 짓눌려 살아가고, 어떤 사람은 부모와의 갈등을 통해 자신을 찾아간다. 결국, 부모와의 관계를 직면하고 통과하는 일이 자신의 삶을 진짜로 살아가는 성숙의 입구가 된다.

5) 부모는 결국 내면의 상징으로 자리 잡는다

진짜 성숙은 부모와 현실에서 화해하는 데서 끝나지 않는다. 내 안에 살아 있는 '어머니 상', '아버지 상'과 마주하는 것이 핵심이다. 이 이미지들을 인정하고 통합하는 것이 감정의 회복과 자아의 균형으로 이어진다. 부모는 외부의 존재가 아니라, 결국 내 안의 상징으로 귀결된다는 것이 융의 관점이다.

형제자매 - 나와 가장 가까운 타인

형제는 나와 함께 자란 사람이다. 같은 부모 아래에서, 비슷한 시간을 지나왔지만, 전혀 다른 사람으로 자란다. 명리에서 형제는 비견과 겁재로 나타난다. 나와 같은 오행, 그래서 닮은 듯하지만 자꾸 부딪히는 관계. 서로를 이해할 수 있을 것 같지만, 결국엔 내 자리를 두고 경쟁하거나 비교되는 존재.

형제는 때로 나의 거울이다. 내가 갖지 못한 성격을 지녔고, 내가 이기지 못한 기억을 함께 나눈다. 그래서 더욱 민감하다. 나보다 더 부모의 사랑을 받았던 기억, 나보다 먼저 칭찬받았던 순간들. 그 모든 감정은 오래전 이야기일지라도 내 안에 조용히 남아, '비교'라는 감정의 이름으로 올라오기도 한다.

그러나 동시에 형제는 내가 가장 깊이 공감할 수 있는 사람이다. 어떤 친구도, 어떤 연인도 알 수 없는 나의 집안 사정과 어릴 적 기억, 부모의 말투 하나까지 똑같이 기억하는 사람. 그와 화해하지 못한 감정은 종종 내가 나 자신을 받아들이지 못하는 원인이 되기도 한다.

형제자매의 사주 안에서는 누가 비견이고, 누가 겁재인지에 따라 '함께 가는 인연'인지, '엇갈릴 수밖에 없는 인연'인지가 보이기도 한다. 그리고 명리의 핵심은 이것이다.

"형제는 나의 욕망과 가장 가까운 곳에 서 있는 타인이다."

그래서 더 애틋하거나, 그래서 더 미워질 수도 있다.

융의 관점

1) 형제자매는 자아의 거울이자 경쟁자다

융은 인간의 자아는 타인과의 관계 속에서 정립된다고 보았다. 형제자매는 나와 가장 가까운 거리에서 동시에 비교되고, 감정이 오가는 존재다. 그래서 형제는 나의 확장인 동시에, 나의 적이 되기도 한다. 어릴 때 형제에게 느꼈던 질투, 경쟁, 부러움, 미움은 자아의 그림자를 형성하는 중요한 재료가 된다. 즉, 형제는 자아 발달에 있어 양면적인 거울이 된다.

2) 형제는 무의식적 비교의 중심이 된다

부모는 흔히 자식들을 비교한다. "누구는 잘하는데, 너는 왜 못하니?" "첫째는 조용한데, 넌 왜 이렇게 산만하니?" 이런 비교는 내 안의 열등감, 죄책감, 반항심을 만든다. 그 감정은 자아가 아닌 콤플렉스의 형태로 남는다. 이 콤플렉스는 훗날 사회 속에서 타인과의 경쟁에 그대로 투사되곤 한다. 즉, 형제는 자기 가치감의 최초 기준점이 된다.

3) 형제는 동일시와 분리 욕망의 사이에서 작동한다

어떤 형제는 서로 닮고 싶어 하고, 어떤 형제는 극단적으로 다른 길을 선택한다. 이는 '개성화' 과정 속에서 나타나는 자기와 타인의 경계 정립 과정이다. 융은 이런 동일시와 분리 욕망이 자신의 자리를 찾는 여정에 혼란과 갈등, 혹은 지혜를 가져다준다고 보았다. 형제는 가장 가까운 타자이자, 가장 정체성에 혼선을 주는 존재다. 그래서 어떤 이들은 평생 형제의 그림자에서 벗어나지 못하기도 한다.

4) 형제는 무의식 속 그림자의 투사 대상이 된다

부모보다도 형제에게 더 강한 미움을 느끼는 경우가 있다. 이 경우 형제는 나의 그림자를 투사하는 가장 익숙한 타자가 된다. 그림자의 본질은 "나는 저렇지 않아"라는 분리에서 시작된다. 하지만 실제로는 형제를 미워하는 감정 안에 자기 자신의 미처 받아들이지 못한 모습이 숨어 있는 경우가 많다.

그래서 어떤 형제 갈등은 사실상 자기 내부의 그림자와의 싸움이기도 하다.

5) 형제는 집단적 무의식과 가족 서사의 한 축이다

융은 집단무의식 속에 가족 원형이 존재한다고 보았다. 형제는 가족 안에서의 내 역할, 위치, 서열, 기능을 상징한다. 첫째는 책임감, 둘째는 자유와 비교, 막내는 보호받고자 하는 본능 같은 패턴이 작동한다. 이 서사는 단순한 역할 분담이 아니라, 삶 전체에 영향을 미치는 무의식적 서사의 기반이 된다. 즉, 형제는 가족이라는 드라마 속에서 나의 배역을 연습하게 만든 운명의 장치이기도 하다.

부부 - 인연의 무게 중심

부부는 가장 현실적인 인연이다. 모든 부부가 사랑으로 시작되는 건 아니지만, 결국에는 책임과 구조로 연결되는 관계. 명리에서 부부는 여성에겐 '관성', 남성에겐 '재성'이다. 즉, 나를 통제하거나, 내가 소유하고 싶어지는 관계.

부부는 가장 강력한 일상 속 인연이다. 매일을 함께하고, 삶의 모든 선택을 함께 짊어지는 존재. 그러나 그만큼 서로가 서로에게 거울처럼 작용한다. 내가 외면하고 있는 나의 그림자, 내가 고치지 못한 습관, 내가 말로는 부정하지만 실은 바라는 욕망, 그 모든 것이 상대를 통해 자꾸 튀어나온다.

그래서 부부는 함께 있기에 더 어려운 인연이고, 함께 있기 때문에 더 성장할 수 있는 인연이다. 때로는 사주의 재성과 관성이 서로를 치고 있어 계속 엇갈리는 관계일 수도 있다. 때로는 한쪽이 무겁게 버티고 있는 구조일 수도 있고. 하지만 그런 구조 속에서도 감정이 아직 흐르고 있다면, 그건 관계가 끝난 게 아니라, 서로의 구조를 새롭게 정비할 타이밍일 수 있다.

부부는 사랑으로 시작되기보다, 삶의 선택으로 이어지는 인연이다. 참음과 이해, 받아들임의 시간을 지나며, 우리는 결국 서로를 통해 자기 자신과 마주하게 된다.

명리학의 관점 - 확장: 관성·재성이 없는 경우

명리학에서는 부부 관계를 여성에게는 관성(정관·편관), 남성에게는 재성(정재·편재)으로 해석하는 것이 일반적이다. 하지만 사주에 관성이나 재성이 전혀 없는 사람들도 가정을 꾸리고, 부부로 살아간다. 그건 명리가 현실의 모든 경우를 단일한 기호로 설명할 수는 없다는 점을 보여 주는 지점이다.

관성이나 재성이 없다는 건 관계가 존재하지 않는다는 뜻이 아니라, 그 관계를 바라보는 태도와 방식이 다르다는 의미에 가깝다. 예를 들어, 관성 대신 비견이나 인성이 강한 사람은 부부라는 틀 안에서 수평적 파트너십이나 정서적 안정감을 중시하게 된다. 재성이 약한 사람은 관계를 통해 '얻는 것'보다는 감정의 흐름이나 내면의 교감에 더 큰 가치를 둔다.

또한 사주에 관성·재성이 없다 하더라도, 운에서 들어오는 흐름이나 배우자의 사주 구조와의 보완을 통해 충분히 부부 관계가 형성될 수 있다. 명리에서 구조는 경향을 보여 주는 것이지, 인간의 모든 가능성을 단정 짓는 도구는 아니다. 그래서 관성과 재성이 없는 사주는 오히려 더 자신만의 결로 관계를 맺는 법을 찾아야 하는 사람일 수 있다. 이들은 전통적인 부부의 틀보다는 다른 방식의 유대, 느슨하지만 진한 연결을 통해 자기 삶 속의 관계를 구성해 간다.

2. 연인관계 - 감정의 중심을 흔드는 인연

연인은 우리 삶에서 가장 '불안정한 중심'이다. 가족처럼 제도화되지 않았고, 동료처럼 역할에 갇히지도 않는다. 그래서 이 인연은 감정 그 자체로 시작되고, 감정 때문에 흔들린다.

명리에서는 전통적으로 연인의 상징이 성별에 따라 다르게 해석되어 왔다. 여성에게는 관성(정관/편관)이, 남성에게는 재성(정재/편재)이 연인을 상징한다고 여겨졌지만, 현대에 와서는 이 구분이 단순하지 않다. 결국 중요한 것은 내가 어떤 에너지에 끌리는가, 즉 어떤 십성을 통해 관계를 욕망하고, 어떤 관계 속에서 자아를 실현하려 하는가이다.

사랑은 흔들림이다. 관성이 들어오면, 내 안의 질서가 흔들리고 재성이 들어오면, 내 안의 소유욕과 표현이 움직인다. 그래서 어떤 인연은 한순간에 감정을 폭발시키고, 또 어떤 인연은 서서히 나를 변화시킨다. 어떤 사주는 사랑 앞에서 이성적이고, 어떤 사주는 사랑이 삶의 중심인 사람도 있다. 그건 옳고 그름의 문제가 아니라 그 사람의 사주가 감정을 어떻게 쓰는가의 문제다.

연인관계는 내가 누구를 좋아하는지를 보여 주는 것이 아니라, 내가 사랑을 통해 어떤 나로 존재하고 싶은지를 보여주는 것이다. 사랑하는 동안 나는 내가 되지 못했던 모습으로 살고 싶어지고, 내가 놓쳐 왔던 나의 결을 복원받기도 한다. 하지만 그건 상대가 나를 완성시켜 주는 게 아니다. 그 인연을 통해 나의 감정이 나를 움직이기 시작하는 것이다. 그래서 연인의 인연은 가장 많은 변화를 만들어 내지만, 가장 쉽게 끝나기도 한다.

그 인연이 끝났을 때 남는 것은 상대에 대한 미련이 아니라, 사랑을 통해 흔들렸던 나의 흔적이다. 그 흔적이 때로는 아프지만, 그 아픔이 나를 다시 '살게' 만든다.

우리는 누구에게 끌리는가. 왜 어떤 사람은 깊은 대화를 나누어도 감정이 일지 않고, 왜 어떤 사람은 스치는 눈빛 하나에도 속이 뒤집히는가. 그건 사주의 작용이기도 하고, 내 영혼의 갈망이기도 하다. 연인관계는 '누구와'도 중요하지만 결국엔 '그 인연을 통해 어떤 내가 되는가'가 핵심이다. 사랑은 내가 나를 발견하게 만드는 가장 순도 높은 거울이니까.

3. 동료관계 - 나를 사회에 연결시키는 인연

모든 인연이 감정에서 시작되지는 않는다. 어떤 인연은 역할과 책임, 협력의 조건 위에서 맺어진다. 그게 바로 '동료'다. 같은 방향을 보지만, 같은 마음을 가진 건 아닌 사람. 그러나 그 사람 없이는 내 삶이 지금처럼 굴러갈 수 없는 관계.

명리에서 동료관계는 대개 비겁, 식상, 재성의 조합으로 드러난다. 비견/겁재는 나와 비슷한 위치에서 함께 일하는 동료. 식신/상관은 나의 생산성을 자극해 주는 관계. 정재/편재는 나에게 일거리와 자원을 주는 외부의 연결고리다.

동료는 연인이 아니지만, 때때로 연인보다 더 오랜 시간을 함께 보내고, 가족보다 더 날카로운 감정을 건드리기도 한다. 우리는 동료를 통해 세상과 연결된다. 그리고 그 관계 안에서 '내가 사회적으로 어떤 사람인지'를 확인하게 된다.

동료관계는 나를 보는 시선과 내가 하고 있는 일의 가치를 함께 묻는다. 그래서 그 관계가 무너질 때, 나의 자존감도 함께 흔들리게 된다. 동료는 나를 시험하기도 한다. 비슷한 실력을 가진 사람 옆에서 나의 경쟁심이 솟구치고, 서로를 비교하면서 나의 한계를 자각하게 된다.

하지만 그 갈등은 때때로 나를 성장시키는 자극이 되기도 한다. 누군가는 동료와 함께 프로젝트를 하며 자신의 진짜 재능을 발견하고, 누군가는 동료와의 갈등 끝에 오랫동안 눌러왔던 분노를 마주한다. 동료는 나를 비춰 주는 사회적 거울이자, 심리적 트리거다.

사주는 그 관계가 어떤 방식으로 나를 자극하는지를 보여 준다. 식상이 강하면 동료를 통해 자율성과 창의성을 얻고, 비겁이 강하면 동료와의 경쟁과 충돌이 잦다. 재성이 강하면 동료를 통해 기회를 얻기도 하지만, 그 기회가 때론 책임이나 부담으로 되돌아오기도 한다.

동료는 가장 가까운 타인이자, 가장 예측 불가능한 인연이다. 사랑도, 혈연도 아니지만 그 관계 안에서 나는 나의 사회적 존재감을 구성하게 된다. 동료라는 이름 아래 우리는 자주 실망하고, 자주 감동받는다. 그리고 그 관계를 통해 더 단단해지고, 더 유연해진다. 그건 결국 나라는 존재가 세상에 '어떻게 기여하고 싶은가'를 끊임없이 되묻는 과정이다.

반복되는 인연, 반복되는 욕망
－라캉과 들뢰즈로 본 관계 구조

 우리는 왜 같은 사람에게 끌리고, 같은 방식으로 상처받고, 같은 후회를 반복할까. 사주는 그 반복의 패턴을 보여 준다. 그러나 그 패턴 안에서 머물지 않고, 그것을 뚫고 나가려면, 우리는 사주 너머의 구조를 보아야 한다. 그 구조는 바로 '욕망'이다.

 욕망은 우리가 인연을 맺는 방식과 깊게 얽혀 있다. 왜냐하면 우리가 관계를 맺는다는 것은, 결국 나의 욕망을 타인에게 투사하고, 그 투사된 욕망이 어떤 방식으로 좌절되거나 충족되는지를 경험하는 일이기 때문이다.

 라캉은 욕망을 '결핍'의 구조로 설명한다. 우리는 늘 무언가가 빠져 있다고 느끼며, 그 빠진 것을 다른 사람에게서 채우고자 한다. 내 안에서 흘러나온 욕망은 타인을 통해 어떤 방식으로든 충족되기를 바란다.

그러나 라캉은 말한다. 우리가 욕망하는 대상은 사실 그 자체가 아니라, 그 대상을 통해 충족되리라 믿는 무언가다. 결국 욕망은 미끄러지고, 또 다른 대상을 향해 다시 움직인다. 내 안에서 흘러나온 욕망은 타인을 통해 어떤 대상(사람이든 물건이든)의 형태로 충족되기를 바란다.

이것은 반복이다. 결코 채워지지 않는 욕망, 그리고 계속해서 반복되는 인연. 같은 실수를 반복하면서 우리는 묻는다. "왜 또 이런 사람이지? 왜 나는 늘 이런 방식으로 사랑하지?"

반면, 들뢰즈는 욕망을 전혀 다르게 본다. 욕망은 결핍이 아니라 생성이다. 욕망은 나를 새롭게 만들고, 나를 재구성하는 힘이다. 욕망은 멈추지 않고 흐르며, 새로운 연결을 만든다. 그 연결을 통해 나는 '이전의 나'가 아닌 '새로운 나'로 태어난다.

들뢰즈의 입장에서 욕망은 단지 무언가를 원하는 상태가 아니라, 그 욕망을 통해 나 자신이 재구성되고 새롭게 생성되는 흐름이다. 단지 흘려보내는 욕망이 아니라, 나를 새롭게 구성하는 욕망이다.

라캉은 반복의 구조 안에서 인간이 깨어난다고 보지만, 거기엔 진화가 없다. 들뢰즈는 그 반복이 생성으로 이어질 수 있다고 믿는다. 중요한 것은 욕망을 어떤 구조로 받아들이느냐는 것이다.

반복되는 인연은 어쩌면 반복되는 욕망의 구조 속에 있다. 그 인연이 나를 고장 내는가, 아니면 새롭게 만드는가. 그 갈림길은 욕망을 대하는 태도에서 결정된다.

결국 우리는 누구를 욕망한 것이 아니라, 그 사람과 연결될 때 생성되는 '나'를 욕망한 것일지도 모른다.

명리학의 관점

명리학에서는 욕망이라는 것을 단지 '감정의 움직임'이 아니라, 나의 기운이 외부로 흐르는 방향과 그로 인해 되돌아오는 작용으로 해석할 수 있다. 이때 대표적인 구조가 바로 '식상생재'와 '관인상생'이다.

식상(食傷)은 내가 표현하고 드러내는 에너지다. 이 에너지가 바깥으로 흘러가 재성(財)을 생하게 되면, 그것은 곧 내 욕망이 어떤 대상을 향해 투사되는 것을 의미한다. '돈', '사랑', '성공', '사람' 등 재성의 다양한 형태는, 내가 내 욕망을 외부로 보냈을 때 그것이 맺는 결과이자 대상이다.

하지만 이 구조는 언제나 일방향적이다. 즉, 욕망이 나에서 출발해 대상에게 가고, 그 대상에 집착하거나 소진되는 경향으로 흘러가기 쉽다. 그래서 식상생재 구조 안에서는 같은 유형의 사람, 같은 방식의 연애, 같은 반복의 상처를 겪기 쉽다. 왜냐하면 욕망의 방향이 바깥만을 향하고 있기 때문이다. 이 구조는 강력한 창조력이 있지만, 반대로 관계의 균형을 잃으면 소모적 인연으로 전락할 가능성도 높다.

반면, 관인상생은 내면으로 향하는 구조다. 인성(印星)은 내가 받아들이는 에너지이며, 학습, 통찰, 수용을 뜻한다. 이 인성이 관성(官)을 생하게 되면, 나에게 일정한 질서와 책임, 역할이 부여된다. 이 구조는 단순히 바깥으로 향하는 욕망이 아니라, 욕망을 통해 나를 재구성하고 성장시키는 흐름이다.

관인상생은 반복되는 인연 속에서 나의 내면을 자각하고, 그 안의 질서를 새롭게 구성하게 만든다. 그러므로 이 구조에서는 욕망이 나를 소모하는 것이 아니라, 나를 형성하고 단단하게 만든다. 내가 누구를 욕망하느냐보다, 그 욕망을 어떻게 받아들이고 해석하느냐가 중요한 구조인 것이다.

명리학적으로 볼 때, 진화하는 인연과 반복되는 인연의 차이는 욕망의 방향성, 즉 식상생재인가, 관인상생인가에 따라 갈린다. 전자는 '누군가를 얻고 싶어 하는 나', 후자는 '누군가를 통해 나를 새롭게 만나고자 하는 나'다.

그래서 욕망을 다룰 때 중요한 것은, 욕망의 대상이 아니라 그 욕망이 흐르는 구조와 그것이 나에게 어떤 작용을 하느냐이다. 욕망을 투사로만 볼 것인가, 수용과 생성의 구조로 볼 것인가. 그 선택이 반복되는 인연을 끝낼 수 있는 중요한 분기점이 된다.

융의 관점

융은 인간 내면의 무의식이 관계를 통해 투사되고 회수되는 과정을 통해 자아가 통합된다고 보았다. 내가 상대에게 강하게 끌릴 때, 그것은 단지 호감이 아니라 내 안의 그림자 혹은 아니마/아니무스가 그 사람에게 투사되었기 때문이다. 하지만 이 투사가 끝없이 반복되면 관계는 소모적이 되고, 나

또한 같은 상처를 되풀이하게 된다.

융은 이 투사를 '의식화'함으로써, 즉 내가 왜 그 사람에게 끌리는지를 자각하고 통찰함으로써, 욕망의 방향을 바꿔야 한다고 본다. 그때부터 욕망은 외부에 있지 않고, 자기 안에서 순환되기 시작한다. 이는 들뢰즈의 생성적 욕망 개념과도 이어지며, 단지 누군가를 사랑하는 것이 아니라, 그 사랑을 통해 '통합된 나'로 향하는 것이다.

융에게 욕망은 단지 결핍이 아니라 자아실현을 향한 힘이다. 반복되는 인연 속에서 동일한 패턴을 자각할 수 있다면, 그 인연은 더 이상 상처의 반복이 아니라 통합의 전환점이 될 수 있다.

사주로 본 '놓는 시기'와 '머무는 이유'

1. 놓아야 할 때: 충, 원진, 겁재·상관의 작동

사람은 누구나 관계 안에서 흔들린다. 그 흔들림이 어느 한 시점에 유난히 커졌을 때, 대부분은 감정을 의심한다. "내가 변한 걸까?", "상대가 달라진 걸까?" 하지만 명리학에서는 사람보다 먼저 '시기'를 본다. 혹시 지금이 '놓아야 하는 시기'는 아닌지.

명리에는 관계의 긴장을 일으키는 수많은 작용이 있다. 가장 대표적인 것이 형(刑), 충(沖), 해(害), 원진(怨嗔)이다. ('형'-사주에서 지지(地支)끼리 부딪히며 서로를 '찌르고 압박하는' 관계를 말한다. 겉으로 드러나는 큰 충돌(충)과 달리, 겉으로는 조용하지만 안에서 끓어오르는 긴장, 불편함, 압박감을 만든다. '충'-사주에서 지지끼리 정면으로 부딪혀 서로를 깨뜨리려는 강한 충돌·변화의 기운을 말한다. 형이 속으로 곪는 갈등이라면, 충은 겉으로 터지는 사건·이별·변동이다. '해'-지지끼리 겉으로는 충돌하지 않지만, 안에서 서로를 '상하게 하고 흐트러뜨리는' 관계를 말한다. 눈에 잘 보이지 않고, 천천히 스며들 듯 문제를 만드는 은근한 해침·부조화의 기운이다. '원진'-설명할 수 없는 감정의 꼬임, 이유 없이 마음이 상하고 관계가 미묘하게 흔들리는 '정서적 긴장 관계'다.) 이것들은 사람 사이의 감정을 손상시키는 방식으로 작동한다. 처음에는 사소한 서운함이나 거리감으로 시작되지만, 서로를 '상처 주는 존재'로 오해하게 되는 데는 그리 오랜 시간이 걸리지 않는다.

특히 원진은 감정적으로 설명되지 않는 미묘한 불쾌감을 남긴다. 말투 하나, 표정 하나가 신경을 긁는다. 예전 같았으면 웃고 넘겼을 일에, 지금은 상처받고 곱씹고, 혼자 앓는다. 가까울수록 더 아프고, 사랑할수록 더 불편한 관계, 그것이 원진의 본질이다.

'왜 하필 지금?'이라는 질문이 생길 때, 명리는 그 이유를 시간에서 찾는다. 예를 들어, 겁재가 재성을 깰 때(자리를 무너뜨릴 때), 상대방은 '내 것을 빼앗는 존재'처럼 느껴진다. 질투, 경쟁, 의심이 관계 안으로 스며든다. 사랑이라 믿었던 감정에 생존의 본능이 더해지면, 관계는 곧 위태로워진다.

상관이 정관을 칠 때(상관이 정관의 자리를 불안하게 만들 때), 상대에 대한 존중이 무너진다. 평소에는 순응하던 말투, 태도, 결정 하나하나가 버겁고 불합리하게 느껴진다. 관계에 '이건 아닌데'라는 이의제기가 시작된다. 특히 연인 사이보다는 부부나 동료 관계에서 이 작용이 더 크게 나타난다.

편관이 비견을 제압할 때(억누를 때), 친구였던 관계에 갑자기 위계가 생기거나, 누군가가 일방적으로 군림하려 한다. 이때는 내가 아닌 '어떤 질서'를 위해 나를 억압하게 되는 경우도 많다.

이 모든 흐름은, 사람 자체의 문제가 아니라 그 시기의 운이 관계를 압박하는 방식일 수 있다. 명리적으로 볼 때, '놓아야 할 시기'란 단지 이별의 순간이 아니라, 관계에 구조적 경고가 울리는 시점이다. 이때는 서로의 감정이 옳고 그름의 문제가 아니라, '버티기'보다는 '정리하기'가 필요한 시점일 수 있다.

놓는다는 건 단절이 아니다. 그건 내 감정을 지키기 위한 거리두기, 다시 만나기 위한 잠시의 멈춤, 혹은 그 관계를 아름다운 기억으로 남기기 위한 용기일 수 있다. 때로는 붙잡는 것보다, 제때 놓아 주는 쪽이 더 깊은 사랑이다.

2. 머물러야 할 때: 삼합, 정관·정인, 식신생재의 흐름

때로는 '머무는 것'이 선택이 아니라, 자연스러운 이끌림처럼 느껴지는 시기가 있다. 그 사람과 함께 있을 때 마음이 편안해지고, 무언가 잘 풀리지 않던 일들이 서서히 매듭지어질 때. 그럴 때 명리는 말한다. 지금은, 그 인연이 나에게 필요한 시기라고.

관계에서 머무를 수 있는 힘은, 감정의 강도보다는 함께 있을 때의 안정감과 회복력에서 나온다. 명리학에서는 이러한 흐름을 다음과 같은 구조로 읽는다.

1) 삼합과 방합의 흐름

삼합(지지(十二支) 세 개가 모여 하나의 강력한 오행 기운으로 변하는 결합 구조를 말한다. 세 지지가 서로를 끌어당기며 힘을 합쳐 하나의 큰 흐름(국, 局)을 이루는 것. 즉, 세 개가 모여 다른 하나가 되는 변화)은 상생의 기운이 모여, 더 큰 에너지를 만들어 내는 구조다. 서로의 기운이 충돌하는 것이 아니라, 부드럽게 감싸며 '같이 가는 방향'을 형성하는 흐름이다. (방합은 특정 방위의 세 글자가 모였을 때 방향성이 뚜렷하게 살아나는 구조) 예를 들어, 인오술(寅午戌) 화국이 만들어지는 시기에 내 사주에 인과 술이 있는데 누군가의 오(午)가 들어오면, 우리는 말로 설명할 수 없는 '자연스러운 동행감'을 느낀다.

그것은 강렬한 끌림이 아니라 '함께 있음이 이상하지 않은 상태', 즉 관계의 저항이 없는 시간이다.

2) 정관·정인, 식신생재의 구조

십성으로 볼 때, 정관과 정인이 균형 있게 작용하면, 그 관계는 '신뢰'와 '보살핌'이라는 두 축 위에서 안정적으로 이어진다. 한 사람은 존중을 주고, 한 사람은 돌봄을 받는다. 그 안에서는 나의 자존감이 깎이지 않고 오히려 회복된다.

식신이 재성을 생할 때(도와줄 때), 나의 말과 행동이 상대에게 기회가 되고, 그 반응이 다시 나를 북돋우는 선순환이 생긴다. 관계는 더 이상 피로한 소비가 아니라, 서로를 성장시키는 창조의 공간이 된다.

3) 머물러야 하는 진짜 이유

머물러야 하는 인연은 대개 '편해서'가 아니라, 함께 있을 때의 내가 더 좋아지기 때문에 붙잡게 된다. 지금의 나는, 이 관계를 통해 더 솔직해지고, 더 단단해지고, 때로는 오래된 상처를 비로소 내려놓기도 한다. 명리는 그 시기를 알려 준다. 운이 머무름을 허락할 때, 감정도 그곳에 안착할 수 있다.

4) 감정이 아닌 구조로 본 '머무름'

사랑하거나 좋아해서 머무는 것처럼 보이는 인연도 실은 사주 구조가 맞물린 결과일 수 있다. 하지만 구조만으로는 머무를 수 없다. 중요한 건 그 구조를 어떻게 살아 내느냐이다. 누군가는 식신생재(내가 가진 능력·노력·표현(식신)이 현실적인 성과·돈·결과물(재성)로 이어진다는 구조)의 흐름을 '자유로운 교감'으로 살아 내고, 또 다른 누군가는 그것을 '헌신과 희생'으로 오해해 스스로를 고갈시킨다.

그러므로 머물러야 하는 시기에는 단지 운이 아니라, 나의 자각과 선택이 함께 작동해야 한다.

관계를 붙잡는 힘:
감정이 아닌 구조

 사람들은 흔히 말한다. "그 사람과의 감정이 아직 남아서…" 하지만 명리학의 눈으로 보면, 관계를 붙잡고 있는 건 단지 감정만이 아니다. 그 감정이 유지될 수 있게 설계된 구조가 있는 것이다.

 어떤 관계는, 한 사람이 아무리 마음을 정리해도 쉽게 끝나지 않는다. 잊으려 애써도 계속 생각나고, 연락을 끊어도 다시 연결된다. 심지어 우연히 마주치거나, 꿈에서조차 그 사람이 등장한다.

 이럴 땐 단지 미련이나 운명적인 감정으로만 보기 어렵다. 그 인연은 지금 운의 구조 속에서 여전히 살아 움직이고 있는 중이다.

1. 반복해서 연결되는 인연의 구조

사주상에 삼합이 반복되거나, 대운과 세운이 특정한 시기마다 동일한 십성을 자극할 때, 관계는 끊겼다가도 재진입하는 경향을 보인다.

예를 들어, 을목일주가 원국에 인목-오화-술토의 삼합이 있고, 대운과 세운에서 오화와 술토가 반복되어 들어온다면, 이미 끝난 인연이 다시 등장해 관계가 복원되거나, 새로운 방식으로 이어질 가능성이 높다.

반면, 을목일주가 겁재 대운에 상관 세운을 만났을 때, 과거 인연이 다시 등장하더라도 그것은 '재진입'이 아닌 나를 둘러싼 억압을 깨뜨리며 관계를 새롭게 틀어 버리는 흐름일 수 있다.

때로는 그 인연을 통해 이전과 전혀 다른 나로 변모하거나, 관계의 판을 바꾸는 '분기점'이 된다. 이처럼 운이 구조적으로 문을 열어 줄 때, 감정도 함께 움직인다. 우리가 '붙잡고 있다'고 믿는 감정의 대부분은 사실은 운이 나를 붙잡고 있는 것이다.

2. 감정은 지나가지만, 구조는 남는다

감정은 파도처럼 변한다. 어제는 그립다가도, 오늘은 차갑고, 내일은 무심해진다. 하지만 명리의 구조는 움직임이 느리다. 대운 10년, 세운 1년의 호흡으로 천천히 인연을 작동시킨다. 그래서 어떤 인연은, 감정이 다 식었다고 생각해도 여전히 사주 속에 발화 지점을 가지고 있다.

그 사람은 나를 놓았을지 몰라도, 운의 구조는 아직 그를 나에게서 완전히 지우지 않는다.

3. 그래서, 지금 이 인연은 왜 유지되고 있을까?

누군가와의 관계가 계속 이어지고 있다면 그건 반드시 감정 때문만은 아니다. 그 사람이 여전히 지금의 나를 자극하고, 어떤 식으로든 성장 혹은 깨달음의 계기를 제공하고 있는 중이기 때문이다.

관계를 붙잡는 힘은 감정이 아니다. 그건 나와 너 사이의 시간과 구조가 맞물려서 작동하는, 하나의 '시스템'이다. 이 시스템은 '사랑한다'는 말보다 더 깊고, '그만하자'는 결심보다 더 오래간다.

4. 구조를 아는 사람은 감정에 끌려가지 않는다

내가 지금 이 관계에 머물러 있는 이유가 단지 외로워서도, 그 사람이 특별해서도 아니라는 걸 이해하는 순간, 비로소 감정에서 자유로워질 수 있다.

사주를 본다는 건 감정을 부정하는 것이 아니라, 그 감정의 기반을 정확히 이해하려는 노력이다. 관계는 감정만으로는 오래가지 못한다. 붙잡는 힘은, 언제나 구조에 있다.

존재하게 하는 사랑:
프롬이 말한 인연의 완성

"사랑은 사랑하는 사람의 생명과 자유를 적극적으로 돌보는 것이다."

- 에리히 프롬

사랑은 소유가 아니다. 그 사람을 가질 수 있다고 느낄 때 우리는 안심하지만, 동시에 사랑은 소모된다. 왜냐하면 인간은 '내 것'이 되는 순간 그 가치를 무감각하게 여기기 때문이다. 사랑은 '갖는 것'이 아니라 '존재하게 하는 것'이다.

그 사람이 자기답게 살아갈 수 있도록, 그 사람이 자기다운 세계 안에서 빛나도록, 그 존재 자체를 응시하고 지지하는 것. 그것이 진짜 사랑이다.

에리히 프롬은 『사랑의 기술』에서 "사랑은 능동적인 행위이며, 어떤 상태나 감정이 아니다"라고 말했다. 즉, 사랑은 단순히 '사랑받고 싶은 마음'에서 오는 감정이 아니라, 타인의 존재 자체를 돌보고 책임지려는 능동적인 의지이자 실천이다. 그 안에는 나도 성장하고, 상대도 자라난다. 이것은 단지 개인의 행복을 위한 사랑이 아니라, 더 나은 존재로 함께 성장해 가는 영혼의 공동 창조다.

사랑이 욕망을 기반으로 할 때, 우리는 종종 상대를 통해 결핍을 채우고자 한다. 그 사람을 통해 채워질 어떤 감정, 어떤 자리, 어떤 공허함. 그러나 그런 사랑은 반복된다. 그리고 그 반복은 결국 좌절로 끝난다. 왜냐하면 결핍은 채워지지 않기 때문이다.

우리는 누구를 '갖고 싶어' 했지만, 진정한 사랑은 그 사람을 '존재하게' 하는 것이다. 있는 그대로 사랑하겠다는 말은 종종 착각을 부른다. 있는 그대로 받아들이겠다는 말이, 상대의 모든 미성숙까지 용인하겠다는 뜻이 되어선 안 된다.

진짜 사랑은, 그 사람이 '더 나은 존재'가 되기를 바라고, 그 성장의 길을 조용히 응원하고 함께 서는 일이다. 어쩌면 진짜 인연이란, 나를 소유하려 들지 않는 사람이다. 나를 가르치려 들지 않으면서도, 내가 나답게 성장할 수 있도록 거울이 되어 주는 사람.

그 사람 앞에서 나는 나로서 존재할 수 있고, 그 사람과 함께 있을 때 나는 더 나은 나로 나아가고 싶어진다. 그것이 존재하게 하는 사랑, 그리고 영혼을 함께 키워 가는 인연이다.

명리학의 관점

명리학에서 말하는 정관과 정인의 구조는, 프롬이 말한 '존재하게 하는 사랑'과 닮아 있다. 정관(正官)은 나에게 질서를 부여하는 외부의 영향력이며, 내가 그것을 받아들이는 순간 나는 '나답게' 살아가기 위한 중심을 갖게 된다. 이 정관이 정인(正印)과 함께 작용할 때, 그 관계는 단순한 지배나 의무가 아니라, 존재 자체를 보호하고, 그 존재가 자기 본질로 살아가게 하는 힘으로 변한다.

'정관정인'의 관계는 바로 존재를 지지하고, 함께 성장하게 만드는 인연의 구조다. 누군가가 내게 정관으로 들어온다는 것은, 그 사람을 통해 나는 내 인생의 방향을 재정비하게 되고, 책임과 중심을 배우게 되며, 내 안의 가장 단단한 틀을 형성하게 된다는 뜻이다. 그런데 이 정관이 정인의 수용력과 만날 때, 강압이 아닌 이해와 돌봄의 질서로 작용하게 된다.

이 구조는 단순히 누군가를 '갖고 싶어' 하는 욕망에서 벗어나, 그 사람과 함께 더 나은 삶의 질서를 만드는 관계로 나아가게 한다. 결국 명리학적으로 봤을 때, '존재하게 하는 사랑'은 정관과 정인의 상생 구조처럼, 관계를 통해 나와 상대가 서로를 더 온전하게 존재하게 해주는 인연이다.

융(Carl Gustav Jung)의 관점

융의 심리학에서는 이런 사랑을 자기실현(self-realization)을 돕는 관계라고 본다. 우리가 사랑을 통해 진짜로 추구하는 것은, 내 안의 무의식을 자각하고, 더 온전한 자아로 통합되는 길이다.

처음에는 상대에게 끌리는 감정이, 사실은 내 안의 그림자나 아니마/아니무스의 투사에서 비롯된다. 하지만 이 투사를 자각하고, 그 감정을 내면화할 수 있게 되면, 관계는 소모되는 것이 아니라 내면의 변형과 성장을 위한 통로가 된다.

융에게 있어 '존재하게 하는 사랑'은 상대가 내 욕망을 채워 주어야 하는 대상이 아니라, 내가 누구인지를 깨닫게 해주는 통합의 안내자다. 그리고 이 통합의 과정은 반복적인 욕망의 실패 속에서 일어난다.

왜냐하면 우리는 실패를 통해 투사를 회수하고, 그 회수된 감정을 통해 자기 자신을 새롭게 인식하게 되기 때문이다. 그때부터 관계는 더 이상 결핍의 채움이 아니라, 자기 자신을 더 깊이 살아가는 길이 된다.

| 에필로그 |

 사람들은 종종 운명을 말한다. 누군가와의 만남을 우연이라 하지 않고, 마치 오래전부터 정해진 서사처럼 느끼기도 한다. 그러나 모든 인연이 외부에서 오는 것만은 아니다. 때로는 한 사람을 통해, 우리는 자신의 무의식을 통과한다.

 융은 말했다. "인간은 자아로 살아가지만, 진정한 삶은 자아 너머에 있다." 그 자아 너머에는 어린 시절의 상처가, 억눌린 욕망이, 받아들이지 못한 그림자가 있고, 그 모든 것과 손잡는 여정이 '개성화의 길'이라 불린다.

 내게 다가온 인연들, 그들이 나를 흔들고, 가르치고, 아프게 하고, 때로는 나를 이해하게 만든 이유는 결국 그들이 '나의 무의식'이자 '나의 거울'이었기 때문이다.

그들과의 만남은 나를 '되찾는' 여정이었다. 사랑, 질투, 동경, 애증 등 모든 감정은 타인을 향해 흘러갔지만, 사실은 내 안의 무언가를 비추고 있었다. 그래서 진정한 인연이란, 타인을 통해 나를 알아가는 과정이고, 그 끝에서 마침내 우리는 자신과 재회하게 된다.

그런데 독자 중 누군가는 이렇게 말할지도 모른다. "그걸 누가 모르냐고. 안 되니까 문제지." 맞다. 그 말이 틀리지 않다. 우리는 머리로는 다 안다. 놓아야 할 사람을 아직도 그리워하고, 같은 실수를 반복하면서도 왜 또 이런 사람을 만나게 되었는지 자책한다.

하지만 그런 나조차도 안아 주는 시선이 필요하다. 이 책이 말하고자 한 건 '더는 상처받지 말자'가 아니라 '다음번에는 조금 덜 상처받아도 좋다'는 바람이었다. 그러니까 괜찮다. 한 번에 다 되지 않아도. 그렇게 천천히, 우리는 우리가 되어 간다.

나는 이제 안다. 모든 인연은 영혼이 보내는 편지였음을. 그리고 그 편지들이 모여 하나의 문장을 써주었다.

"결국 가장 깊은 인연은, 내 안의 나였다."

관계가 답답할 땐 명리학

글 화탁지

발행일 2025년 11월 30일 초판 1쇄

발행처 다반
발행인 노승현
출판등록 제2011-08호(2011년 1월 20일)
주소 서울특별시 마포구 양화로81 320호
전화 02-868-4979 팩스 : 02-868-4978

이메일 davanbook@naver.com
인스타그램 @davanbook

© 2025, 화탁지

ISBN 979-11-94267-51-5 03140